EDGARDO FERNANDEZ CLIMENT

AIOps

Revolucionando las operaciones de TI con inteligencia artificial

Copyright © 2024 by Edgardo Fernandez Climent

All rights reserved. No part of this publication may be reproduced, stored or transmitted in any form or by any means, electronic, mechanical, photocopying, recording, scanning, or otherwise without written permission from the publisher. It is illegal to copy this book, post it to a website, or distribute it by any other means without permission.

Edgardo Fernandez Climent has no responsibility for the persistence or accuracy of URLs for external or third-party Internet Websites referred to in this publication and does not guarantee that any content on such Websites is, or will remain, accurate or appropriate.

Designations used by companies to distinguish their products are often claimed as trademarks. All brand names and product names used in this book and on its cover are trade names, service marks, trademarks and registered trademarks of their respective owners. The publishers and the book are not associated with any product or vendor mentioned in this book. None of the companies referenced within the book have endorsed the book.

Todos los derechos reservados. Ninguna parte de esta publicación puede ser reproducida, almacenada o transmitida de ninguna forma ni por ningún medio, ya sea electrónico, mecánico, fotocopiado, grabado, escaneado o de otra manera, sin el permiso por escrito del editor. Es ilegal copiar este libro, publicarlo en un sitio web o distribuirlo por cualquier otro medio sin permiso.

Edgardo Fernández Climent no tiene responsabilidad alguna por la persistencia o precisión de las URLs de sitios web externos o de terceros mencionados en esta publicación y no garantiza que el contenido de dichos sitios web sea, o continúe siendo, exacto o apropiado.

Las denominaciones utilizadas por las empresas para distinguir sus productos suelen reclamarse como marcas comerciales. Todos los nombres de marcas y nombres de productos utilizados en este libro y en su cubierta son nombres comerciales, marcas de servicio, marcas comerciales y marcas registradas de sus respectivos propietarios. Los editores y el libro no están asociados con ningún producto o proveedor mencionado en este libro. Ninguna de las empresas referenciadas en el libro ha respaldado el libro.

First edition

This book was professionally typeset on Reedsy.
Find out more at reedsy.com

Para mis nietos, cuyo futuro será increíble.
Con amor,
Edgardo

Contents

Prefacio	1
I. Introducción	4
A. Definición de AIOps	4
1. ¿Qué es AIOps?	4
2. ¿En qué se diferencia de las operaciones tradicionales de TI?	5
B. La necesidad de AIOps en entornos de TI modernos	7
1. Aumento de la complejidad y la escala de los sistemas de TI	8
2. Limitaciones de los enfoques manuales para las operaciones de TI	9
3. El papel de la IA y la automatización en la solución de estos desafíos	10
C. Visión general de la estructura y objetivos del libro	12
1. Audiencia objetivo y requisitos previos	13
2. Objetivos de aprendizaje y resultados clave	14
II. Fundamentos de AIOps	17
A. Conceptos y terminología clave	17
1. Inteligencia artificial y aprendizaje automático	17
2. Big data y analítica	19
3. Gestión de operaciones de TI (ITOM) y gestión de servicios de TI (ITSM)	21
B. Componentes de AIOps	23
1. Procesamiento y almacenamiento de datos	23

- 2. Analítica y aprendizaje automático — 25
- 3. Automatización y orquestación — 27
- 4. Visualización e informes — 29
- C. Beneficios de implementar AIOps — 31
  - 1. Mejora de la eficiencia operativa y la productividad — 32
  - 2. Detección y resolución de problemas más rápida — 33
  - 3. Prevención proactiva de problemas — 35
  - 4. Mejor experiencia de usuario y calidad del servicio — 37
  - 5. Ahorro de costos y ROI — 39
- D. Desafíos y consideraciones — 41
  - 1. Calidad e integración de datos — 42
  - 2. Requisitos de habilidades — 43
  - 3. Cultura organizacional y gestión del cambio — 44
  - 4. Preocupaciones de seguridad y privacidad — 46

III. Arquitectura y Tecnologías de AIOps — 49
- A. Fuentes de datos e integración — 49
  - 1. Registros de infraestructura y aplicaciones — 49
  - 2. Métricas de rendimiento y eventos — 50
  - 3. Datos de red y seguridad — 51
  - 4. Experiencia del usuario y métricas de negocio — 53
  - 5. Estrategias y herramientas de integración — 54
- B. Procesamiento y almacenamiento de big data — 55
  - 1. Frameworks de computación distribuida (por ejemplo, Hadoop, Spark) — 56
  - 2. Bases de datos NoSQL y data lakes — 57
  - 3. Procesamiento de flujos y analítica en tiempo real — 58
- C. Algoritmos de aprendizaje automático e IA — 60
  - 1. Aprendizaje supervisado y no supervisado — 60
  - 2. Aprendizaje profundo y redes neuronales — 62
  - 3. Detección de anomalías y agrupamiento — 63

- 4. Procesamiento del lenguaje natural y análisis de sentimientos — 65
- 5. Aprendizaje por refuerzo y optimización — 67
- D. Herramientas de automatización y orquestación — 69
  - 1. Gestión de configuraciones — 69
  - 2. Contenerización y microservicios — 70
  - 3. Automatización de cargas de trabajo y programación de trabajos — 72
  - 4. Computación sin servidor y función como servicio (FaaS) — 73
- E. Plataformas de monitoreo y visualización — 75
  - 1. Monitoreo del rendimiento de aplicaciones (APM) — 75
  - 2. Monitoreo de infraestructura y observabilidad — 77
  - 3. Gestión y análisis de registros — 78
  - 4. Herramientas de inteligencia empresarial y paneles — 79

IV. Casos de Uso y Aplicaciones de AIOps — 82
- A. Detección de anomalías y análisis de causa raíz — 82
  - 1. Identificación de patrones y valores atípicos en el comportamiento del sistema — 83
  - 2. Correlación de eventos y métricas a través de múltiples fuentes de datos — 84
  - 3. Automatización del proceso de diagnóstico y solución de problemas — 86
- B. Monitoreo y optimización del rendimiento — 88
  - 1. Análisis de la utilización de recursos y cuellos de botella — 89
  - 2. Identificación de problemas de rendimiento y su impacto en la experiencia del usuario — 91
  - 3. Optimización de configuraciones y ajustes del sistema — 92
- C. Gestión y resolución de incidentes — 94

  1. Priorización y categorización de incidentes según la gravedad y el impacto   95
  2. Automatización del proceso de respuesta y escalamiento de incidentes   97
  3. Aprovechamiento de bases de conocimientos y chatbots para una resolución más rápida   99
 D. Planificación de capacidad y asignación de recursos   102
  1. Pronóstico de requisitos futuros de recursos basados en datos históricos   103
  2. Optimización de la asignación y utilización de recursos   105
  3. Automatización de la provisión y escalamiento de infraestructura   107
 E. Aplicaciones específicas de la industria   109
  1. Servicios financieros   110
  2. Atención médica   111
  3. Telecomunicaciones   113
  4. Retail y comercio electrónico   114
V. Implementación de AIOps   118
 A. Evaluación de la preparación organizacional   118
  1. Evaluar la madurez y capacidades actuales de las operaciones de TI   119
  2. Identificar brechas y áreas de mejora   121
  3. Construir un caso de negocio y asegurar la aprobación de las partes interesadas   123
 B. Definición de objetivos y métricas de éxito   126
  1. Establecimiento de objetivos claros y KPI   127
  2. Alinear las iniciativas de AIOps con las prioridades del negocio   129
  3. Definir una hoja de ruta e hitos   132
 C. Selección de herramientas y plataformas adecuadas   135
  1. Evaluación de ofertas y capacidades de los proveedores   135

    2. Considerar la integración con herramientas y procesos existentes — 138
    3. Equilibrio entre costo, escalabilidad y facilidad de uso — 141
  D. Integración de AIOps con procesos existentes de operaciones de TI — 145
    1. Mapeo de capacidades de AIOps a ITIL y otros marcos — 145
    2. Adaptación de roles y responsabilidades — 148
    3. Establecimiento de canales de colaboración y comunicación — 149
  E. Construcción y entrenamiento de modelos de IA — 151
    1. Recopilación y preparación de datos de entrenamiento — 152
    2. Selección de algoritmos y marcos apropiados — 153
    3. Sintonización de hiperparámetros y optimización del rendimiento del modelo — 156
    4. Validación y prueba de modelos en entornos de producción — 159
  F. Asegurando la calidad y gobernanza de los datos — 161
    1. Establecimiento de estándares y políticas de datos — 162
    2. Implementación de procesos de limpieza y transformación de datos — 164
    3. Aseguramiento de la seguridad de los datos y cumplimiento con regulaciones — 166

VI. Mejores Prácticas y Estudios de Caso — 169
  A. Lecciones aprendidas de los primeros adoptantes — 169
    1. Problemas y desafíos comunes — 169
    2. Estrategias para superar la resistencia organizacional — 171
    3. Mejores prácticas para la gestión de datos y la gobernanza de modelos — 173
  B. Estrategias para superar desafíos comunes — 176
    1. Lidiar con silos de datos e inconsistencias — 176

    2. Gestionar la complejidad de entornos multi-nube e híbridos — 178
    3. Asegurar la explicabilidad y transparencia de los modelos de IA — 180
  C. Medición y demostración del ROI — 183
    1. Establecer líneas base y puntos de referencia — 183
    2. Rastrear mejoras en indicadores clave de rendimiento (KPI) — 185
    3. Cuantificar el impacto empresarial y los ahorros de costos — 187
  D. Historias de éxito y estudios de caso del mundo real — 190
    1. Ejemplos de implementaciones exitosas de AIOps en diferentes industrias — 190
    2. Análisis detallado de los problemas resueltos y los resultados obtenidos — 193
    3. Lecciones aprendidas y recomendaciones para otras organizaciones — 196

VII. El Futuro de AIOps — 199
  A. Tendencias y tecnologías emergentes — 199
    1. Computación en el borde e integración de IoT — 199
    2. Realidad aumentada y asistentes virtuales — 201
    3. Blockchain y tecnologías de libros de contabilidad distribuidos — 203
    4. La computación cuántica y su impacto potencial en la IA — 205
  B. Impacto potencial en las operaciones de TI y los resultados comerciales — 208
    1. Cambio hacia operaciones proactivas y predictivas — 208
    2. Mayor enfoque en la experiencia del usuario y el valor comercial — 211
    3. Aparición de nuevos roles y conjuntos de habilidades — 213

- C. Conjuntos de habilidades y roles en una organización impulsada por AIOps 217
  1. Evolución de las descripciones de puestos y responsabilidades 217
  2. Estrategias de formación y mejora de habilidades para el personal de TI existente 219
  3. Atracción y retención de talento en IA y ciencia de datos 221
- D. Predicciones para la evolución de AIOps 225
  1. Adopción creciente en diferentes industrias y tamaños de empresas 225
  2. Convergencia con otras tecnologías 227
  3. Potencial disrupción de las prácticas tradicionales de operaciones de TI y el panorama de proveedores 229

VIII. Conclusión 234
- A. Resumen de conclusiones clave 234
  1. El potencial transformador de AIOps en las operaciones de TI 234
  2. La importancia de un enfoque holístico para la implementación de AIOps 236
  3. La necesidad de aprendizaje y adaptación continuos 238
- B. Recomendaciones para comenzar con AIOps 242
  1. Realizar una evaluación de preparación y definir objetivos claros 243
  2. Comenzar de a poco e iterar en función de la retroalimentación y los resultados 245
  3. Invertir en las herramientas, el talento y los procesos adecuados 247
- C. Reflexiones finales sobre la importancia de AIOps en la conducción de la transformación digital 250

1. El papel de AIOps en permitir la agilidad, la innovación y la ventaja competitiva	251
2. La necesidad de una cultura de experimentación y colaboración	253
3. El potencial de AIOps para revolucionar la forma en que gestionamos y optimizamos los sistemas de TI	255
Apéndice A. Glosario de términos de AIOps	260
Apéndice B. Recursos Adicionales	267
Libros:	267
Sitios web:	268
Conferencias:	269
Apéndice C. Panorama de Proveedores y Matriz de Comparación	272
Visión general de las principales plataformas y herramientas de AIOps	272
Análisis comparativo de características, precios y opiniones de los clientes	275
Características:	275
Precios:	276
Opiniones de los clientes:	277
Marco de decisión para seleccionar el proveedor adecuado basado en necesidades y restricciones específicas	278
Acerca del Autor	284
Otras Publicaciones del Autor	286

Prefacio

Estimados profesionales de TI,

Es un gran placer para mí presentarles este libro, **"AIOps: Revolucionando las operaciones de TI con inteligencia artificial"**. Como profesional que ha dedicado años al estudio y gestión de la inteligencia artificial en las operaciones de TI, he sido testigo de primera mano del poder transformador de AIOps en la reorganización de cómo gestionamos y optimizamos sistemas de TI complejos.

En la rápida evolución de hoy, las operaciones de TI enfrentan desafíos sin precedentes. La creciente complejidad y escala de las infraestructuras de TI, junto con el crecimiento explosivo de los datos y la necesidad de información en tiempo real, han llevado a las operaciones tradicionales de TI a sus límites. Los enfoques manuales para monitorear, solucionar problemas y optimizar sistemas de TI ya no son suficientes para mantener el ritmo de las demandas de los negocios modernos.

Aquí es donde entra AIOps. Al aprovechar el poder de la inteligencia artificial, el aprendizaje automático y la analítica de grandes datos, AIOps permite a los equipos de TI automatizar y agilizar sus operaciones, identificar y resolver problemas proactivamente, y optimizar continuamente el rendimiento y la disponibilidad de sus sistemas. AIOps representa un cambio de paradigma en las operaciones de TI, pasando de reactivo a proactivo, de basado en reglas a impulsado por IA, y de aislado a holístico.

Sin embargo, implementar AIOps no es una tarea sencilla. Requiere una comprensión profunda de las tecnologías subyacentes, un enfoque estratégico para la integración y el despliegue, y una disposición a adaptar y evolucionar los procesos y conjuntos de habilidades existentes. Este libro tiene como objetivo proporcionarles el conocimiento, las ideas y las mejores prácticas necesarias para adoptar y aprovechar con éxito AIOps en su organización.

A lo largo de los capítulos, exploraremos los conceptos y componentes fundamentales de AIOps, profundizaremos en casos de uso y aplicaciones del mundo real, y proporcionaremos orientación práctica sobre la implementación de soluciones de AIOps. También examinaremos los desafíos y consideraciones involucrados en la adopción de AIOps, incluyendo la calidad de los datos, los requisitos de habilidades y la gestión del cambio organizacional.

Además, este libro va más allá de los aspectos técnicos de AIOps para explorar sus implicaciones estratégicas para las operaciones de TI y el negocio en su conjunto. Discutiremos cómo AIOps puede permitir que los equipos de TI pasen de ser solucionadores de problemas reactivos a creadores de valor proactivos, cómo pueden ayudar a alinear las operaciones de TI con los objetivos empresariales, y cómo pueden impulsar iniciativas de transformación digital.

El libro también presenta estudios de caso y historias de éxito del mundo real de organizaciones que han implementado con éxito AIOps y han cosechado sus beneficios. Estos ejemplos son lecciones valiosas e inspiración para aquellos que están emprendiendo viajes hacia AIOps.

Al mirar hacia el futuro, está claro que AIOps desempeñará un papel cada vez más crítico en la evolución de las operaciones de TI. La convergencia de la IA, la automatización y la analítica desbloqueará nuevas posibilidades para optimizar los sistemas de TI, mejorar las experiencias de los usuarios y generar valor empresarial. Este libro les proporcionará los conocimientos y habilidades para navegar por este emocionante y transformador panorama.

Ya sea que sean gerentes de TI, administradores de sistemas, ingenieros de DevOps o científicos de datos, este libro les ofrece algo a cada uno de ustedes. Está diseñado para ser tanto una referencia integral como una guía práctica, ayudándoles a comprender los conceptos clave, las tecnologías y las mejores prácticas de AIOps mientras les proporciona ideas y recomendaciones prácticas para su implementación.

Les invito a embarcarse en este viaje de aprendizaje conmigo mientras exploramos el fascinante mundo de AIOps y su potencial para revolucionar las operaciones de TI. Juntos, descubriremos el poder de la IA para impulsar la eficiencia, la agilidad y la innovación en TI, y aprenderemos cómo aprovecharla para transformar su organización.

Así que sumerjámonos y descubramos el futuro de las operaciones de TI: un futuro impulsado por AIOps.

Edgardo Fernandez Climent

I. Introducción

A. Definición de AIOps

1. ¿Qué es AIOps?

AIOps, abreviatura de *Artificial Intelligence for IT Operations*, es un paradigma emergente que combina inteligencia artificial, aprendizaje automático y análisis de grandes datos para revolucionar la gestión y optimización de sistemas de TI. Representa un cambio significativo de los enfoques tradicionales y reactivos de las operaciones de TI hacia un modelo proactivo, predictivo y autónomo.

En su núcleo, AIOps se trata de aprovechar el poder de la IA para recopilar, analizar y actuar automáticamente sobre la gran cantidad de datos generados por los sistemas de TI. Estos datos incluyen registros, métricas, eventos y trazas de aplicaciones, infraestructura y redes, así como fuentes de datos externas como comentarios de usuarios y métricas comerciales.

Al aplicar algoritmos avanzados de aprendizaje automático y técnicas

I. INTRODUCCIÓN

de análisis a estos datos, las plataformas de AIOps pueden identificar patrones, anomalías y perspectivas que serían imposibles de detectar para los operadores humanos. Esto permite a los equipos de TI identificar y resolver problemas proactivamente antes de que afecten a los usuarios, optimizar la asignación de recursos y el rendimiento, y mejorar continuamente la salud y la eficiencia general de sus sistemas.

AIOps también incorpora capacidades de automatización y orquestación, lo que permite detectar problemas, desencadenar acciones de remediación automáticamente y optimizar configuraciones del sistema en tiempo real. Este enfoque de bucle cerrado para las operaciones de TI permite una respuesta más rápida a los incidentes, una reducción del tiempo de inactividad y una mejora en la calidad del servicio.

2. ¿En qué se diferencia de las operaciones tradicionales de TI?

Las operaciones tradicionales de TI dependen en gran medida de procesos manuales, monitoreo basado en reglas y resolución reactiva de problemas. Los equipos de TI a menudo se ven abrumados por el volumen y la complejidad de los datos generados por sus sistemas y luchan por mantenerse al día con las crecientes demandas del negocio.

En contraste, AIOps representa un cambio fundamental hacia un enfoque más inteligente, automatizado y basado en datos para las operaciones de TI. Algunas diferencias clave incluyen:

a. Proactivo vs. Reactivo: Mientras que las operaciones tradicionales de TI son en gran medida reactivas, centrándose en identificar y solucionar problemas después de que ocurren, AIOps permite el monitoreo proactivo y el mantenimiento predictivo. Al analizar datos históricos e identificar patrones, AIOps puede predecir posibles problemas antes de que ocurran y tomar medidas preventivas para evitar el tiempo de inactividad y la degradación del rendimiento.

b. Aprendizaje automático vs. Basado en reglas: El monitoreo tradicional de TI se basa en reglas y umbrales predefinidos para detectar anomalías y desencadenar alertas. Sin embargo, estas reglas son a menudo estáticas y no pueden seguir el ritmo de la naturaleza dinámica de los entornos modernos de TI. AIOps, por otro lado, utiliza algoritmos de aprendizaje automático para aprender continuamente de los datos y adaptarse a patrones y comportamientos cambiantes. Esto permite perspectivas más precisas y contextuales, reduciendo los falsos positivos y la fatiga por alertas.

c. Autónomo vs. Manual: AIOps introduce un alto nivel de automatización y autonomía en las operaciones de TI. Al aprovechar las perspectivas y recomendaciones impulsadas por la IA, las plataformas de AIOps pueden desencadenar acciones de remediación automáticamente, optimizar la asignación de recursos y adaptarse a las condiciones cambiantes sin intervención humana. Esto libera a los equipos de TI para que se centren en tareas de mayor valor y en iniciativas estratégicas.

d. Holístico vs. Aislado: Las operaciones tradicionales de TI a menudo operan en silos, con herramientas y procesos separados para gestionar diferentes aspectos del entorno de TI (por ejemplo, infraestructura, aplicaciones, redes). AIOps descompone estos silos proporcionando una plataforma unificada para recopilar, analizar y actuar sobre datos de toda la pila de TI. Esto permite una visión más holística de la salud y el rendimiento del sistema y permite la correlación y el análisis de causa raíz entre dominios.

e. Alineado con el negocio vs. Centrado en la tecnología: AIOps cambia el enfoque de las operaciones de TI de la gestión de la tecnología a la entrega de valor empresarial. Al integrar métricas comerciales y datos de experiencia del usuario en la plataforma de AIOps, los equipos de TI pueden comprender mejor cómo el rendimiento de TI impacta en los resultados comerciales. Esto les permite priorizar problemas e inversiones basándose en su impacto en el negocio y optimizar proactivamente los servicios de TI para satisfacer las necesidades comerciales en evolución.

En resumen, AIOps representa un cambio de paradigma en las operaciones de TI, aprovechando el poder de la IA, el aprendizaje automático y la automatización para permitir un enfoque más proactivo, inteligente y alineado con el negocio para la gestión de sistemas de TI. A medida que la complejidad y la escala de los entornos de TI continúan creciendo, AIOps se convertirá en una capacidad cada vez más crítica para las organizaciones que buscan impulsar la transformación digital y seguir siendo competitivas en la era digital.

B. La necesidad de AIOps en entornos de TI modernos

1. Aumento de la complejidad y la escala de los sistemas de TI

En el panorama digital actual, los sistemas de TI se están volviendo cada vez más complejos y distribuidos. La proliferación de la computación en la nube, las arquitecturas de microservicios y las tecnologías de contenedores ha incrementado significativamente el número de componentes, dependencias e interacciones dentro de los entornos de TI. Esta complejidad se ve aún más agravada por la creciente adopción de estrategias híbridas y multinube y la integración de la computación en el borde y dispositivos de Internet de las cosas (IoT).

Como resultado, los equipos de TI son ahora responsables de gestionar un vasto y dinámico ecosistema de servicios, aplicaciones e infraestructura, que abarca múltiples plataformas, proveedores y ubicaciones. Esta complejidad incrementada hace que sea extremadamente desafiante mantener la visibilidad, el control y el rendimiento en toda la pila de TI.

Además, la escala de los sistemas de TI modernos está creciendo a un ritmo sin precedentes. La explosión de servicios digitales, dispositivos móviles y aplicaciones intensivas en datos ha llevado a un aumento masivo en el volumen, la variedad y la velocidad de los datos generados por los sistemas de TI. Estos datos incluyen registros, métricas, eventos y trazas de aplicaciones, servidores, redes, interacciones de usuarios y fuentes de datos externas como redes sociales y tendencias de mercado.

Gestionar este diluvio de datos es una tarea desalentadora para los equipos de TI, que a menudo se ven abrumados por el volumen y la complejidad de la información que necesitan procesar y analizar. Las herramientas tradicionales de monitoreo y gestión, que dependen del análisis manual y alertas basadas en reglas, ya no son suficientes para mantenerse al día con la escala y dinamismo de los entornos de TI modernos.

2. Limitaciones de los enfoques manuales para las operaciones de TI

Los enfoques manuales para las operaciones de TI, que han sido la norma durante décadas, son cada vez más insostenibles ante la creciente complejidad y escala. Algunas de las limitaciones clave de las operaciones manuales de TI incluyen:

a. Resolución reactiva de problemas: Las operaciones manuales de TI son en gran medida reactivas, centrándose en identificar y solucionar problemas después de que ya hayan impactado a los usuarios y los procesos comerciales. Esto lleva a tiempos de inactividad prolongados, pérdida de productividad y insatisfacción del cliente.

b. Incapacidad para escalar: A medida que los sistemas de TI crecen en tamaño y complejidad, los enfoques manuales para el monitoreo, la solución de problemas y la optimización se vuelven cada vez más laboriosos y propensos a errores. Los equipos de TI a menudo luchan para mantenerse al día con el volumen de datos y alertas generados por sus sistemas, lo que lleva a problemas no detectados y cuellos de botella en el rendimiento.

c. Operaciones en silos: Las operaciones manuales de TI a menudo operan en silos, con equipos y herramientas separados para gestionar diferentes aspectos del entorno de TI (por ejemplo, infraestructura, aplicaciones, redes). Esta falta de integración y visibilidad dificulta la identificación de problemas entre dominios y la optimización del rendimiento general del sistema.

d. Brechas de habilidades: La creciente complejidad de los sistemas de TI requiere una amplia gama de habilidades y experiencia que abarquen múltiples dominios y tecnologías. Las operaciones manuales de TI a menudo luchan para mantenerse al día con la rápida evolución de la tecnología, lo que lleva a brechas de habilidades e ineficiencias.

e. Falta de perspectivas: Las operaciones manuales de TI dependen en gran medida de la experiencia e intuición de los operadores individuales, que pueden no tener acceso al contexto y la historia completa de los sistemas que gestionan. Esta falta de perspectivas basadas en datos dificulta la identificación de patrones, la predicción de problemas y la optimización del rendimiento a lo largo del tiempo.

3. El papel de la IA y la automatización en la solución de estos desafíos

Las limitaciones de las operaciones manuales de TI han llevado a un reconocimiento creciente de la necesidad de IA y automatización en la gestión de entornos modernos de TI. Al aprovechar el poder del aprendizaje automático, el análisis de grandes datos y la automatización inteligente, las plataformas de AIOps pueden ayudar a los equipos de TI a superar los desafíos de complejidad y escala y a impulsar mejoras significativas en eficiencia, fiabilidad y rendimiento.

I. INTRODUCCIÓN

Algunos de los beneficios clave de la IA y la automatización en las operaciones de TI incluyen:

a. **Monitoreo proactivo y mantenimiento predictivo:** El análisis impulsado por la IA puede analizar continuamente los datos del sistema para identificar patrones, anomalías y tendencias, lo que permite a los equipos de TI detectar y prevenir problemas antes de que impacten a los usuarios de manera proactiva. AIOps puede ayudar a reducir el tiempo de inactividad y mejorar la resiliencia general del sistema al predecir fallos potenciales y la degradación del rendimiento.

b. **Análisis de causa raíz y remediación automatizada:** Cuando ocurren problemas, las plataformas de AIOps pueden correlacionar automáticamente los datos de múltiples fuentes para identificar la causa raíz del problema y desencadenar flujos de trabajo de remediación automatizados para minimizar el impacto en los usuarios y los procesos comerciales. Esto puede reducir significativamente el tiempo y el esfuerzo necesarios para resolver problemas, liberando a los equipos de TI para que se centren en tareas de mayor valor.

c. **Optimización continua y autocuración:** Al analizar continuamente los datos de rendimiento del sistema y los comentarios de los usuarios, las plataformas de AIOps pueden identificar oportunidades de optimización y ajustar automáticamente las configuraciones del sistema y la asignación de recursos para mejorar la eficiencia y la experiencia del usuario. Esto puede ayudar a los equipos de TI a adaptarse continuamente a las necesidades comerciales y demandas de los usuarios cambiantes sin requerir intervención manual.

d. **Colaboración e información entre dominios:** Las plataformas de AIOps proporcionan una visión unificada de todo el entorno de TI, descomponiendo los silos entre diferentes dominios y permitiendo la colaboración e información entre funciones. Al correlacionar datos de múltiples fuentes y proporcionar una visión holística de la salud y el rendimiento del sistema, AIOps puede ayudar a los equipos de TI a identificar problemas entre dominios y oportunidades de optimización.

e. Aumento de habilidades y compartición de conocimientos: Las plataformas de AIOps pueden aumentar las habilidades y la experiencia de los equipos de TI al proporcionar perspectivas, recomendaciones y mejores prácticas basadas en datos. Al capturar y compartir conocimientos en toda la organización, AIOps puede ayudar a reducir el impacto de las brechas de habilidades y mejorar la eficiencia y efectividad general del equipo.

En resumen, la creciente complejidad y escala de los entornos modernos de TI han llevado a los enfoques manuales de las operaciones de TI a sus límites. La adopción de la IA y la automatización a través de plataformas de AIOps se está convirtiendo en una capacidad crítica para las organizaciones que buscan mantener la fiabilidad, el rendimiento y la agilidad de sus sistemas de TI. Al aprovechar el poder del aprendizaje automático y la automatización inteligente, AIOps puede ayudar a los equipos de TI a superar los desafíos de complejidad y escala y a impulsar mejoras significativas en eficiencia, innovación y valor comercial.

C. Visión general de la estructura y objetivos del libro

I. INTRODUCCIÓN

1. Audiencia objetivo y requisitos previos

Este libro está diseñado para profesionales de TI que buscan comprender y aprovechar el poder de AIOps para transformar sus operaciones de TI. La audiencia objetivo incluye gerentes de TI, administradores de sistemas, ingenieros de DevOps, ingenieros de fiabilidad del sitio (SRE) y científicos de datos responsables de gestionar y optimizar entornos de TI complejos.

Aunque el libro asume una comprensión básica de los conceptos y terminologías de TI, no requiere un conocimiento extenso de inteligencia artificial o aprendizaje automático. El libro proporciona una introducción completa a los conceptos clave, tecnologías y prácticas de AIOps, haciéndolo accesible para lectores con diversos antecedentes y niveles de habilidad.

Sin embargo, para beneficiarse plenamente del contenido y los ejemplos presentados en el libro, los lectores deben tener cierta familiaridad con los siguientes temas:

a. Operaciones de TI y gestión de infraestructura: Una comprensión general de los sistemas de TI, redes y arquitecturas de aplicaciones, así como los procesos comunes de operaciones de TI, como el monitoreo, la gestión de incidentes y la planificación de capacidad.

b. Gestión y análisis de datos: Conocimiento básico de técnicas de almacenamiento, procesamiento y análisis de datos, incluidos bases de datos relacionales y NoSQL, almacenamiento de datos y herramientas de inteligencia empresarial.

c. **Desarrollo de software y automatización:** Familiaridad con conceptos de programación, lenguajes de *scripting* y herramientas de automatización como la gestión de configuraciones y los *pipelines* de integración/implementación continua (CI/CD).

A lo largo del libro, proporcionaremos información y explicaciones relevantes para ayudar a los lectores con diferentes niveles de experiencia a comprender y aplicar los conceptos y técnicas presentados.

2. Objetivos de aprendizaje y resultados clave

El objetivo principal de este libro es equipar a los profesionales de TI con el conocimiento, las habilidades y las estrategias necesarias para adoptar y aprovechar con éxito AIOps en sus organizaciones. Al final del libro, los lectores podrán:

a. **Comprender los conceptos, componentes y beneficios clave de AIOps:** Los lectores comprenderán qué es AIOps, cómo se diferencia de las operaciones tradicionales de TI y por qué se está convirtiendo en una capacidad crítica para las organizaciones de TI modernas. Aprenderán sobre los componentes centrales de una plataforma de AIOps, incluida la recopilación de datos, el procesamiento, el análisis y la automatización, y cómo estos componentes trabajan juntos para permitir operaciones de TI inteligentes, proactivas y autónomas.

b. **Identificar y priorizar casos de uso de AIOps:** Los lectores explorarán varios casos de uso y aplicaciones de AIOps que abarcan diferentes dominios e industrias. Aprenderán cómo se puede aplicar AIOps para mejorar la gestión de incidentes, la optimización del rendimiento, la planificación de capacidad y otros procesos críticos de operaciones de TI. A través de ejemplos del mundo real y estudios de caso, los lectores obtendrán información sobre el valor comercial y el ROI de AIOps, y cómo priorizar las iniciativas de AIOps en función de sus necesidades y objetivos específicos.

c. Evaluar y seleccionar tecnologías y plataformas de AIOps: Los lectores aprenderán sobre los criterios clave y las consideraciones para evaluar y seleccionar tecnologías y plataformas de AIOps. Obtendrán información sobre el panorama de proveedores, incluidas las soluciones líderes de AIOps y sus capacidades, así como herramientas emergentes de código abierto y nativas de la nube. El libro proporcionará un marco para evaluar la idoneidad técnica y comercial de diferentes soluciones de AIOps y para construir un caso comercial convincente para la inversión en AIOps.

d. Diseñar e implementar una estrategia de AIOps: Los lectores aprenderán cómo diseñar e implementar una estrategia integral de AIOps, desde la evaluación y la planificación hasta el despliegue y la optimización. Obtendrán información sobre los factores de éxito clave y las mejores prácticas para la adopción de AIOps, incluidos la calidad de los datos, el desarrollo de habilidades y la gestión del cambio organizacional. El libro proporcionará orientación práctica y plantillas para definir objetivos, KPIs y hojas de ruta de AIOps, e integrar AIOps en los procesos y herramientas existentes de operaciones de TI.

e. Desarrollar y gestionar habilidades y equipos de AIOps: Los lectores aprenderán sobre los nuevos roles, habilidades y competencias requeridas para una adopción exitosa de AIOps, y cómo desarrollar y gestionar talento de AIOps dentro de sus organizaciones. El libro proporcionará orientación sobre cómo mejorar y recapacitar al personal de TI existente, así como cómo atraer y retener talento en IA y ciencia de datos. Los lectores también aprenderán sobre la importancia de la colaboración y la comunicación entre funciones en AIOps y cómo construir equipos y centros de excelencia de AIOps efectivos.

f. Prepararse para el futuro de AIOps y las operaciones de TI: Los lectores obtendrán información sobre las tendencias y direcciones futuras de AIOps y cómo darán forma a la evolución de las operaciones de TI en los próximos años. El libro explorará tecnologías y prácticas emergentes como la computación en el borde, la cadena de bloques y la IA explicable y su impacto potencial en AIOps y las operaciones de TI. Los lectores también aprenderán sobre las implicaciones estratégicas de AIOps para las organizaciones de TI y el negocio en su conjunto, y cómo posicionarse a sí mismos y a sus equipos para el éxito en un futuro impulsado por la IA.

A lo largo del libro, los lectores encontrarán una gran cantidad de perspectivas prácticas, ejemplos del mundo real y ejercicios prácticos para reforzar su aprendizaje y ayudarles a aplicar los conceptos y técnicas de AIOps en sus propios entornos. El libro está diseñado para ser tanto una referencia integral como una guía práctica, permitiendo a los lectores comprender rápidamente los fundamentos de AIOps y también proporcionar inmersiones profundas en temas avanzados y tendencias emergentes.

Al final del libro, los lectores tendrán una base sólida en AIOps y la confianza y las habilidades necesarias para liderar y dirigir iniciativas de AIOps en sus organizaciones. Estarán equipados para navegar por los desafíos y oportunidades de un futuro impulsado por la IA y para posicionar sus operaciones de TI para el éxito en la era digital.

II. Fundamentos de AIOps

A. Conceptos y terminología clave

1. Inteligencia artificial y aprendizaje automático

La inteligencia artificial (IA) y el aprendizaje automático (ML) son las tecnologías fundamentales que impulsan AIOps. La IA se refiere al campo más amplio de crear máquinas inteligentes que pueden realizar tareas que normalmente requieren inteligencia humana, como percepción visual, reconocimiento de voz, toma de decisiones y traducción de idiomas. El aprendizaje automático, por otro lado, es una subcategoría de la IA que se centra en permitir que las computadoras aprendan y mejoren a partir de la experiencia sin ser programadas explícitamente.

En AIOps, la IA y el ML se utilizan para analizar automáticamente las grandes cantidades de datos generados por los sistemas de TI, identificar patrones y anomalías, y hacer predicciones y recomendaciones para optimizar las operaciones de TI. Algunas de las técnicas clave de IA y ML utilizadas en AIOps incluyen:

a. Aprendizaje supervisado: En el aprendizaje supervisado, el algoritmo de ML se entrena en un conjunto de datos etiquetados, donde la salida deseada (por ejemplo, fallos del sistema o problemas de rendimiento) ya es conocida. El algoritmo aprende a mapear los datos de entrada (por ejemplo, registros del sistema, métricas y eventos) a la salida correspondiente, lo que le permite hacer predicciones sobre nuevos datos no vistos. Los algoritmos comunes de aprendizaje supervisado utilizados en AIOps incluyen árboles de decisión, bosques aleatorios y máquinas de vectores de soporte.

b. Aprendizaje no supervisado: En el aprendizaje no supervisado, el algoritmo de ML se entrena en un conjunto de datos no etiquetados, donde la salida deseada es desconocida. El algoritmo aprende a identificar patrones y estructuras ocultas en los datos, como grupos de eventos similares o anomalías que se desvían del comportamiento normal. Los algoritmos comunes de aprendizaje no supervisado utilizados en AIOps incluyen agrupamiento k-means, análisis de componentes principales y *autoencoders*.

c. Aprendizaje profundo: El aprendizaje profundo es una subcategoría del ML que utiliza redes neuronales artificiales con múltiples capas para aprender representaciones jerárquicas de los datos. Los algoritmos de aprendizaje profundo, como las redes neuronales convolucionales (CNN) y las redes neuronales recurrentes (RNN), son adecuados para analizar datos no estructurados, como archivos de registro, imágenes y datos de series temporales. En AIOps, el aprendizaje profundo se utiliza para la detección de anomalías, el análisis de causas raíz y el procesamiento del lenguaje natural de *tickets* de incidentes y comentarios de usuarios.

d. Aprendizaje por refuerzo: El aprendizaje por refuerzo es un tipo de ML en el que un agente aprende a tomar decisiones interactuando con un entorno y recibiendo recompensas o penalizaciones por sus acciones. En AIOps, el aprendizaje por refuerzo se puede utilizar para optimizar las configuraciones del sistema y la asignación de recursos basándose en retroalimentación en tiempo real y datos históricos.

2. Big data y analítica

AIOps se basa en gran medida en el big data y la analítica para procesar y derivar conocimientos a partir de los grandes volúmenes de datos generados por los sistemas de TI. El big data se refiere a conjuntos de datos demasiado grandes, complejos y de rápido movimiento para ser procesados por las herramientas tradicionales de gestión y análisis de datos. En el contexto de las operaciones de TI, el big data incluye una amplia variedad de fuentes de datos estructurados y no estructurados, tales como:

a. Registros del sistema: Registros detallados de eventos y actividades que ocurren dentro de un sistema de TI, como registros de aplicaciones, registros de servidores y registros de redes.

b. Métricas: Medidas cuantitativas del rendimiento del sistema y la utilización de recursos, como el uso de la CPU, el consumo de memoria y los tiempos de respuesta.

c. Trazas: Registros de extremo a extremo de solicitudes que fluyen a través de un sistema distribuido, incluida la información de tiempo y los metadatos sobre cada servicio y componente involucrado.

d. Eventos: Ocurrencias discretas o cambios de estado dentro de un sistema de TI, como alertas, notificaciones y cambios de configuración.

e. Datos de usuarios: Información sobre el comportamiento y la experiencia del usuario, como flujos de clics, datos de sesiones y comentarios de clientes.

Para procesar y analizar estos datos masivos, las plataformas de AIOps aprovechan una serie de tecnologías de big data y técnicas analíticas, incluidas:

a. Almacenamiento y procesamiento distribuidos: Tecnologías como Hadoop Distributed File System (HDFS), Apache Spark y bases de datos NoSQL permiten el almacenamiento y procesamiento de conjuntos de datos a gran escala en clusters de servidores comunes.

b. Procesamiento de flujos: Herramientas como Apache Kafka, Apache Flink y Amazon Kinesis permiten el procesamiento y análisis en tiempo real de datos en *streaming*, como archivos de registro y métricas.

c. Integración y transformación de datos: Herramientas de extracción, transformación y carga (ETL) y *pipelines* de datos permiten la integración y normalización de datos de múltiples fuentes, así como el enriquecimiento y transformación de datos para su análisis.

d. Plataformas de aprendizaje automático: Plataformas como TensorFlow, PyTorch y H2O.ai proporcionan bibliotecas y herramientas para construir, entrenar y desplegar modelos de ML en big data.

e. Visualización y generación de informes de datos: Herramientas de inteligencia empresarial y visualización de datos, como Tableau,

Looker y Grafana, permiten la creación de paneles interactivos e informes para explorar y comunicar conocimientos de datos.

3. Gestión de operaciones de TI (ITOM) y gestión de servicios de TI (ITSM)

AIOps está estrechamente relacionado con la Gestión de Operaciones de TI (ITOM) y la Gestión de Servicios de TI (ITSM), que se centran en los procesos, prácticas y herramientas para gestionar y entregar servicios de TI.

ITOM se refiere a los procesos y herramientas utilizados para gestionar la provisión, capacidad, rendimiento y disponibilidad de infraestructuras y aplicaciones de TI. Los procesos clave de ITOM incluyen:

a. Monitoreo: Recopilación y análisis de datos de sistemas de TI para detectar y diagnosticar problemas de rendimiento y cortes.

b. Gestión de eventos: Identificación, priorización y respuesta a eventos y alertas generadas por sistemas de TI.

c. Gestión de capacidad: Planificación y optimización de la utilización de recursos de TI para satisfacer la demanda actual y futura.

d. Gestión de configuraciones: Seguimiento y gestión de la configuración de activos de TI y sus relaciones.

ITSM, por otro lado, se refiere al conjunto de procesos y prácticas para diseñar, entregar y soportar servicios de TI que satisfagan las necesidades del negocio y de los usuarios finales. Los procesos clave de ITSM incluyen:

a. Gestión de incidentes: Restaurar la operación normal del servicio lo más rápido posible durante un incidente o interrupción.

b. Gestión de problemas: Identificación y resolución de las causas raíz de incidentes y problemas recurrentes.

c. Gestión de cambios: Control del ciclo de vida de los cambios en los servicios e infraestructura de TI para minimizar riesgos e impactos.

d. Gestión de niveles de servicio: Definición, medición e informe sobre acuerdos de nivel de servicio (SLA) e indicadores clave de rendimiento (KPI) para servicios de TI.

AIOps se basa en y extiende estos procesos tradicionales de ITOM e ITSM al aprovechar la IA y el ML para automatizar y optimizar las operaciones de TI. Por ejemplo:

a. AIOps puede detectar y diagnosticar automáticamente problemas de rendimiento y cortes, reduciendo el tiempo y el esfuerzo requeridos para el monitoreo y la gestión de eventos.

b. AIOps puede predecir los requisitos de capacidad futuros y provisionar automáticamente recursos para satisfacer la demanda, mejorando la gestión de capacidad y reduciendo el sobreaprovisionamiento.

c. AIOps puede identificar las causas raíz de incidentes y problemas recurrentes y recomendar o implementar automáticamente soluciones, mejorando la gestión de problemas y reduciendo el tiempo medio de resolución (MTTR).

d. AIOps puede optimizar los niveles de servicio y la utilización de recursos basándose en datos en tiempo real y retroalimentación, mejorando la gestión de niveles de servicio y reduciendo costos.

Al integrarse y mejorar las herramientas y procesos existentes de ITOM e ITSM, AIOps permite a las organizaciones de TI ofrecer operaciones de TI más proactivas, predictivas y automatizadas, mejorando en última instancia la fiabilidad, el rendimiento y la rentabilidad de los servicios de TI.

B. Componentes de AIOps

1. Procesamiento y almacenamiento de datos

El procesamiento y almacenamiento de datos son componentes críticos de una plataforma de AIOps, ya que permiten la ingesta, transformación y gestión de los grandes volúmenes de datos generados por los sistemas de TI.

El procesamiento de datos en AIOps generalmente involucra varias etapas, incluyendo:

a. **Ingesta de datos:** Recopilación e importación de datos desde varias fuentes, como archivos de registro, métricas, trazas y eventos, en un almacén de datos centralizado. Esto a menudo implica herramientas de integración y transmisión de datos como Apache Kafka, Fluentd y

Logstash.

b. Limpieza y normalización de datos: Preparación de los datos brutos para el análisis mediante la eliminación de registros inválidos o incompletos, la estandarización de formatos y esquemas, y el enriquecimiento de los datos con contexto adicional y metadatos.

c. Transformación de datos: Conversión de los datos normalizados en un formato adecuado para el análisis, como la agregación de métricas en datos de series temporales o la extracción de características de archivos de registro para el aprendizaje automático.

d. Almacenamiento de datos: Persistencia de los datos procesados en un almacén de datos escalable y confiable, como un sistema de archivos distribuido (por ejemplo, HDFS), una base de datos NoSQL (por ejemplo, Cassandra, MongoDB) o una base de datos de series temporales (por ejemplo, InfluxDB, Prometheus).

La elección de la tecnología de almacenamiento de datos depende de factores como el volumen, la velocidad y la variedad de los datos, así como de los casos de uso y patrones de consulta previstos. Por ejemplo, las bases de datos de series temporales son adecuadas para almacenar y consultar datos de métricas, mientras que las bases de datos NoSQL son mejores para manejar datos semi-estructurados y no estructurados como archivos de registro y trazas.

Además del almacenamiento de datos, las plataformas de AIOps requieren capacidades eficientes de recuperación y consulta de datos para soportar análisis en tiempo real y aprendizaje automático. Esto a menudo implica el uso de motores de consulta distribuidos, como Apache Spark o Presto, que pueden procesar grandes conjuntos de datos en paralelo a través de *clusters* de servidores.

2. Analítica y aprendizaje automático

La analítica y el aprendizaje automático son las capacidades centrales de una plataforma de AIOps, permitiendo el análisis automatizado y la generación de conocimientos a partir de datos de operaciones de TI.

La analítica de AIOps se puede categorizar ampliamente en dos tipos:

a. Analítica descriptiva: Análisis de datos históricos para entender lo que ha sucedido en el pasado, como identificar tendencias, patrones y anomalías en el rendimiento del sistema o el comportamiento del usuario. Las técnicas comunes utilizadas en la analítica descriptiva incluyen el análisis estadístico, la visualización de datos y la minería de datos.

b. Analítica predictiva: Uso de datos históricos para predecir eventos o resultados futuros, como pronosticar requisitos de capacidad, identificar posibles problemas de rendimiento o estimar el impacto de los cambios. La analítica predictiva generalmente involucra algoritmos de aprendizaje automático como regresión, pronóstico de series temporales y clasificación.

El aprendizaje automático es un habilitador clave de la analítica de AIOps, permitiendo el descubrimiento automatizado de conocimientos y patrones a partir de grandes y complejos conjuntos de datos. Algunas técnicas comunes de aprendizaje automático utilizadas en AIOps incluyen:

a. **Detección de anomalías:** Identificación de comportamientos inusuales o inesperados en los sistemas de TI, como picos en la utilización de recursos o errores en los registros de aplicaciones. Los algoritmos de detección de anomalías, como el agrupamiento, el análisis de componentes principales y los autoencoders, pueden aprender los patrones normales de comportamiento del sistema y señalar desviaciones de esos patrones como posibles problemas.

b. **Análisis de causa raíz:** Identificación de las causas subyacentes de problemas de rendimiento o cortes mediante el análisis de las relaciones y dependencias entre diferentes componentes y servicios. Los algoritmos de análisis de causa raíz, como las redes bayesianas, los árboles de decisión y la inferencia causal, pueden identificar automáticamente las causas más probables basándose en datos históricos y conocimientos de expertos.

c. **Procesamiento del lenguaje natural:** Extracción de conocimientos e inteligencia a partir de datos de texto no estructurados, como *tickets* de incidentes, registros de chat y comentarios de usuarios. Las técnicas de procesamiento del lenguaje natural, como la clasificación de texto, el análisis de sentimientos y el reconocimiento de entidades nombradas, pueden categorizar y priorizar automáticamente problemas, detectar el sentimiento del usuario y extraer información relevante para la solución de problemas y la optimización.

Para construir y desplegar modelos de aprendizaje automático para AIOps, los científicos de datos y los ingenieros de ML generalmente utilizan una combinación de bibliotecas de código abierto (por ejemplo, scikit-learn, TensorFlow, PyTorch) y plataformas de ML basadas en la nube (por ejemplo, Amazon SageMaker, Google Cloud AI Platform, Azure Machine Learning). Estas herramientas proporcionan algoritmos preconstruidos, entrenamiento y ajuste automático de modelos, e infraestructura escalable para desplegar y servir modelos en producción.

3. Automatización y orquestación

La automatización y la orquestación son componentes clave de una plataforma de AIOps, permitiendo la ejecución automatizada de tareas y flujos de trabajo basados en los conocimientos y recomendaciones generados por la analítica y el aprendizaje automático.

La automatización de AIOps se puede aplicar a una amplia gama de procesos de operaciones de TI, incluidos:

a. Gestión de eventos: *Triage* y priorización automática de alertas e incidentes basados en su impacto y urgencia, y desencadenar acciones de respuesta apropiadas, como la creación de tickets, la notificación a las partes interesadas relevantes o la escalación a niveles superiores de soporte.

b. Remediación: Diagnóstico y resolución automática de problemas comunes, como reiniciar servicios fallidos, escalar recursos o revertir cambios problemáticos. Las acciones de remediación se pueden desencadenar basadas en *runbooks* predefinidos o aprendidos a partir de datos históricos utilizando técnicas como el aprendizaje por refuerzo.

c. Optimización: Ajuste automático de configuraciones y parámetros del sistema basándose en datos de rendimiento en tiempo real y retroalimentación del usuario, como ajustar tamaños de caché, grupos de hilos o configuraciones de recolección de basura para mejorar el rendimiento y la latencia de la aplicación.

d. Provisión: Provisionamiento y desaprovisionamiento automático de recursos de infraestructura basados en políticas predefinidas o modelos de aprendizaje automático, como aumentar el número de servidores durante períodos de tráfico pico o descomisionar instancias infrautilizadas para reducir costos.

La orquestación de AIOps, por otro lado, se centra en coordinar y gestionar flujos de trabajo complejos y de múltiples pasos a través de diferentes herramientas y sistemas. Las plataformas de orquestación, como Apache Airflow, Kubernetes y Terraform, proporcionan un lenguaje declarativo para definir y ejecutar flujos de trabajo, así como características para monitorear, versionar y asegurar esos flujos de trabajo.

En un contexto de AIOps, la orquestación a menudo se utiliza para automatizar el proceso de extremo a extremo de ingestión, procesamiento, análisis y acción de datos. Por ejemplo, un flujo de trabajo de orquestación podría involucrar los siguientes pasos:

- Recopilación de archivos de registro desde múltiples servidores y aplicaciones.
- Limpieza y normalización de los datos de registro utilizando una *pipeline* de procesamiento de datos.
- Análisis de los datos de registro utilizando algoritmos de aprendizaje automático para detectar anomalías y predecir fallos.
- Desencadenar acciones de remediación automática basadas en los resultados del análisis, como reiniciar servicios o escalar recursos.
- Actualización de paneles e informes para reflejar el estado actual

del sistema.

Al combinar la automatización y la orquestación, las plataformas de AIOps pueden permitir operaciones de TI más rápidas, consistentes y eficientes, reduciendo la necesidad de intervención manual y liberando a los operadores humanos para que se centren en tareas de mayor nivel e iniciativas estratégicas.

4. Visualización e informes

La visualización y los informes son componentes esenciales de una plataforma de AIOps, permitiendo a los usuarios explorar, interpretar y comunicar los conocimientos y recomendaciones generados por la analítica y el aprendizaje automático.

Las visualizaciones efectivas de AIOps deben representar de manera clara e intuitiva los datos complejos de las operaciones de TI, destacando métricas clave, tendencias y anomalías. Los tipos comunes de visualizaciones utilizadas en AIOps incluyen:

a. Paneles: Vistas generales de alto nivel del rendimiento y la salud del sistema, que generalmente presentan una combinación de gráficos, tablas y gráficos. Los paneles se pueden personalizar para diferentes roles y casos de uso, como resúmenes ejecutivos, monitoreo operativo o planificación de capacidad.

b. Gráficos de series temporales: Vistas detalladas de métricas y eventos a lo largo del tiempo, que permiten a los usuarios identificar tendencias, patrones y correlaciones. Los gráficos de series temporales se pueden utilizar para monitorear la utilización de recursos, el rendimiento de aplicaciones o el comportamiento del usuario.

c. Mapas de topología: Representaciones visuales de las relaciones y dependencias entre diferentes componentes y servicios, que ayudan a los usuarios a entender el impacto y la propagación de problemas. Los mapas de topología se pueden utilizar para el análisis de causa raíz, la gestión de cambios o la planificación de capacidad.

d. Mapas de calor: Matrices codificadas por colores que muestran la distribución de métricas o eventos a lo largo de diferentes dimensiones, como servidores, aplicaciones o geografías. Los mapas de calor se pueden utilizar para identificar rápidamente puntos críticos o valores atípicos que requieren atención.

e. Gráficos de anomalías: Visualizaciones especializadas que destacan comportamientos inusuales o inesperados en los sistemas de TI, como picos en las tasas de error o desviaciones de las líneas base de rendimiento normales. Los gráficos de anomalías se pueden utilizar para la detección y el diagnóstico proactivos de problemas.

Además de las visualizaciones, las plataformas de AIOps generan informes y alertas para comunicar conocimientos y recomendaciones a las partes interesadas. Los informes se pueden programar o desencadenar basados en eventos específicos y se pueden entregar a través de varios canales, como correo electrónico, chat o sistemas de tickets. Las alertas se pueden configurar basadas en umbrales predefinidos o modelos de aprendizaje automático y se pueden enrutar a los equipos o individuos adecuados según la gravedad y el impacto.

Las plataformas de AIOps típicamente se integran con herramientas de inteligencia empresarial y visualización de datos, como Tableau, Looker o Grafana, para crear visualizaciones e informes efectivos. Estas herramientas proporcionan un conjunto rico de características para la exploración de datos, la creación de paneles y el uso compartido, así como API para incrustar visualizaciones en otras aplicaciones y flujos de trabajo.

Al diseñar visualizaciones e informes de AIOps, es importante considerar las necesidades y preferencias de diferentes personas usuarias, como ejecutivos, gerentes, operadores y analistas. Las visualizaciones efectivas deben adaptarse al caso de uso específico y a la audiencia, proporcionando el nivel adecuado de detalle y contexto para cada rol. Además, las visualizaciones deben ser interactivas y dinámicas, permitiendo a los usuarios profundizar en los datos, filtrar y segmentar los resultados, y comparar diferentes vistas y perspectivas.

Al proporcionar visualizaciones e informes claros, concisos y accionables, las plataformas de AIOps pueden ayudar a los usuarios a identificar y responder rápidamente a problemas, optimizar el rendimiento y los recursos, y tomar decisiones basadas en datos. La visualización e informes efectivos también pueden mejorar la colaboración y la comunicación entre diferentes equipos y partes interesadas, promoviendo una comprensión compartida de las operaciones de TI y alineando a todos hacia objetivos y metas comunes.

C. Beneficios de implementar AIOps

1. Mejora de la eficiencia operativa y la productividad

Uno de los principales beneficios de implementar AIOps es la mejora significativa en la eficiencia operativa y la productividad. Al automatizar y optimizar varios procesos de operaciones de TI, AIOps puede ayudar a los equipos a lograr más con menos esfuerzo y recursos.

Tradicionalmente, los equipos de operaciones de TI han dedicado una cantidad significativa de tiempo a tareas manuales y repetitivas, como el monitoreo del rendimiento del sistema, la clasificación de alertas y la solución de problemas. Estas tareas son laboriosas y propensas a errores humanos e inconsistencias. Con AIOps, muchas de estas tareas se pueden automatizar utilizando algoritmos de aprendizaje automático y automatización inteligente, liberando a los operadores humanos para que se centren en actividades más estratégicas y de mayor valor.

Por ejemplo, AIOps puede recopilar y analizar automáticamente grandes volúmenes de registros del sistema, métricas y eventos, identificando patrones y anomalías que podrían indicar problemas potenciales. Esto puede ayudar a los equipos a detectar y diagnosticar problemas rápidamente sin tener que navegar manualmente por miles de puntos de datos. De manera similar, AIOps puede desencadenar automáticamente acciones de remediación, como reiniciar servicios fallidos o escalar recursos, basándose en políticas predefinidas o modelos de aprendizaje automático. Esto puede ayudar a los equipos a resolver problemas de manera más rápida y consistente, sin necesidad de realizar intervenciones manuales.

Además de la automatización, AIOps también puede ayudar a mejorar la eficiencia operativa al proporcionar a los equipos visibilidad e información en tiempo real sobre el rendimiento y la salud del sistema. Al agregar y correlacionar datos de múltiples fuentes, las plataformas de AIOps pueden proporcionar una visión unificada del entorno de TI, destacando métricas clave, tendencias y dependencias. Esto puede ayudar a los equipos a tomar decisiones más informadas sobre la asignación de recursos, la planificación de capacidad y la optimización basándose en patrones de uso y demanda.

Además, AIOps puede ayudar a agilizar la colaboración y la comunicación entre diferentes equipos y partes interesadas. Al proporcionar un lenguaje común y una plataforma para la toma de decisiones basada en datos, AIOps puede descomponer silos y promover una comprensión compartida de las operaciones de TI. Esto puede ayudar a los equipos a trabajar de manera más eficiente y efectiva, reduciendo la fricción y los retrasos.

Al automatizar tareas manuales, proporcionar información en tiempo real y habilitar la toma de decisiones basada en datos, AIOps puede ayudar a los equipos de operaciones de TI a mejorar su eficiencia y productividad, permitiéndoles ofrecer mejores servicios de manera más rápida y a menor costo.

2. Detección y resolución de problemas más rápida

Otro beneficio clave de AIOps es la capacidad de detectar y resolver problemas más rápido que los enfoques tradicionales y manuales. En los entornos de TI complejos y dinámicos de hoy, los problemas pueden surgir en cualquier momento y pueden tener un impacto significativo en el rendimiento, la disponibilidad y la experiencia del usuario. Cuanto más tiempo se tarde en detectar y resolver estos problemas, mayor será el potencial de interrupción del negocio y la insatisfacción del cliente.

AIOps puede ayudar a los equipos a detectar problemas más rápido mediante el monitoreo continuo de los datos del sistema y la aplicación de algoritmos de aprendizaje automático para identificar anomalías y patrones que podrían indicar problemas. Por ejemplo, AIOps puede aprender el comportamiento normal de un sistema con el tiempo y alertar a los equipos cuando detecta desviaciones de esa línea base, como picos en la utilización de recursos o tasas de error. Esto puede ayudar a los equipos a identificar proactivamente posibles problemas antes de que impacten a los usuarios, en lugar de esperar a que los usuarios informen de problemas.

Además de la detección más rápida, AIOps puede ayudar a los equipos a resolver problemas más rápidamente mediante la automatización del análisis de causa raíz y la remediación. La solución de problemas tradicional a menudo implica un proceso largo e iterativo de recopilación de datos, formulación de hipótesis y pruebas de soluciones. Con AIOps, gran parte de este proceso se puede automatizar utilizando algoritmos de aprendizaje automático para analizar rápidamente grandes volúmenes de datos e identificar las causas más probables de los problemas.

Por ejemplo, AIOps puede utilizar técnicas de detección de anomalías, agrupamiento y análisis de correlación para identificar patrones y relaciones en los datos del sistema que podrían indicar la fuente de un problema. Basado en este análisis, AIOps puede recomendar o desencadenar automáticamente acciones de remediación, como revertir un cambio problemático o escalar recursos para satisfacer una demanda aumentada. Esto puede ayudar a los equipos a resolver problemas en minutos u horas en lugar de días o semanas.

Además, AIOps puede ayudar a los equipos a aprender de problemas pasados y mejorar sus procesos de respuesta con el tiempo. Al capturar y analizar datos de incidentes anteriores, AIOps puede identificar patrones comunes y causas raíz, y sugerir optimizaciones a los flujos de trabajo de detección y remediación. Esto puede ayudar a los equipos a mejorar continuamente su capacidad para detectar y resolver problemas, reduciendo la frecuencia y el impacto de las interrupciones y problemas de rendimiento.

Al habilitar una detección y resolución de problemas más rápida, AIOps puede ayudar a los equipos de operaciones de TI a minimizar el tiempo de inactividad, mejorar la fiabilidad y el rendimiento del sistema, y ofrecer mejores experiencias de usuario.

3. Prevención proactiva de problemas

Además de la detección y resolución de problemas más rápida, AIOps también puede ayudar a los equipos de operaciones de TI a prevenir problemas antes de que ocurran. Al aprovechar el aprendizaje automático y la analítica predictiva, AIOps puede identificar posibles problemas antes de que se manifiesten y tomar medidas proactivas para evitarlos o mitigarlos.

Tradicionalmente, las operaciones de TI han sido en gran medida reactivas, centrándose en identificar y solucionar problemas después de que hayan impactado a los usuarios. Si bien este enfoque puede ayudar a minimizar la duración y la gravedad de las interrupciones, no aborda los factores subyacentes que causan los problemas en primer lugar. Con AIOps, los equipos pueden pasar de un enfoque reactivo a uno proactivo, utilizando datos y conocimientos para anticipar y prevenir problemas.

Por ejemplo, AIOps puede utilizar modelos predictivos para pronosticar el comportamiento y el rendimiento futuros del sistema basándose en datos históricos y tendencias. Esto puede ayudar a los equipos a identificar posibles limitaciones de capacidad, cuellos de botella de rendimiento o riesgos de seguridad antes de que se vuelvan críticos y tomar medidas proactivas para abordarlos. Tales medidas pueden incluir agregar más recursos para manejar el tráfico aumentado, optimizar el código de la aplicación o las configuraciones, o implementar controles de seguridad para prevenir posibles violaciones.

AIOps también puede ayudar a los equipos a prevenir problemas mediante la habilitación de una mejor planificación y toma de decisiones. Al proporcionar una visión integral del entorno de TI y sus dependencias, AIOps puede ayudar a los equipos a evaluar el impacto potencial de los cambios y a identificar conflictos o riesgos antes de que se implementen. Esto puede ayudar a los equipos a tomar decisiones más informadas sobre la asignación de recursos, la planificación de capacidad y la gestión de cambios, reduciendo el riesgo de consecuencias no deseadas o fallos en cascada.

Además, AIOps puede ayudar a los equipos a establecer y mantener mejores prácticas y estándares para el rendimiento y la fiabilidad del sistema. Al analizar datos de múltiples fuentes e identificar patrones de éxito y fracaso, AIOps puede recomendar configuraciones, umbrales y políticas óptimos para diferentes sistemas y cargas de trabajo. Esto puede ayudar a los equipos a asegurar la consistencia y la calidad en todo el entorno de TI, reduciendo el riesgo de configuraciones incorrectas o problemas de rendimiento.

Al habilitar la prevención proactiva de problemas, AIOps puede ayudar a los equipos de operaciones de TI a reducir la frecuencia y el impacto de las interrupciones y problemas de rendimiento, mejorar la estabilidad y fiabilidad del sistema, y ofrecer mejores experiencias de usuario. Esto puede ayudar a las organizaciones a evitar costosos tiempos de inactividad, pérdida de productividad y fuga de clientes, y a mantener una ventaja competitiva en el panorama digital de rápido ritmo actual.

4. Mejor experiencia de usuario y calidad del servicio

El objetivo final de las operaciones de TI es ofrecer servicios de alta calidad que satisfagan las necesidades y expectativas de los usuarios. En la era digital actual, los usuarios esperan acceso rápido, fiable y sin interrupciones a aplicaciones y datos, independientemente de la infraestructura subyacente o la complejidad. Cualquier degradación en el rendimiento o la disponibilidad puede llevar rápidamente a la frustración, la insatisfacción y la pérdida de negocios.

AIOps puede ayudar a los equipos de operaciones de TI a ofrecer mejores experiencias de usuario y calidad del servicio proporcionando un enfoque más proactivo y basado en datos para la gestión del sistema. Al monitorear y analizar continuamente los datos del sistema, AIOps puede ayudar a los equipos a identificar y resolver problemas que impactan en la experiencia del usuario, como tiempos de respuesta lentos, errores o interrupciones. Esto puede ayudar a los equipos a asegurar que los servicios siempre estén disponibles y funcionen de manera óptima, incluso en condiciones de demanda cambiantes o eventos inesperados.

Por ejemplo, AIOps puede utilizar algoritmos de aprendizaje automático para analizar el comportamiento del usuario y detectar anomalías o tendencias que podrían indicar problemas. Esto puede incluir el monitoreo de métricas como los tiempos de carga de la página, las tasas de error o las transacciones abandonadas y la correlación de estas métricas con eventos o cambios del sistema. Al identificar posibles problemas de manera temprana, los equipos pueden tomar medidas proactivas para resolverlos antes de que impacten a los usuarios, como optimizar el código de la aplicación, escalar recursos o revertir cambios problemáticos.

AIOps también puede ayudar a los equipos a optimizar la calidad del servicio proporcionando conocimientos sobre las preferencias, el comportamiento y la retroalimentación del usuario. Al analizar datos de múltiples fuentes, como registros de aplicaciones, *tickets* de soporte al cliente o sentimiento en redes sociales, AIOps puede ayudar a los equipos a entender cómo los usuarios interactúan con sus servicios e identificar áreas de mejora. Esto puede incluir la identificación de puntos de dolor o frustraciones comunes, la priorización de características o mejoras basadas en la demanda del usuario, o la personalización de experiencias basadas en preferencias individuales.

Además, AIOps puede ayudar a los equipos a establecer y mantener objetivos de nivel de servicio (SLO) y acuerdos de nivel de servicio (SLA) que se alineen con las expectativas de los usuarios y los objetivos comerciales. Al monitorear y reportar indicadores clave de rendimiento (KPI) como la disponibilidad, la latencia o el rendimiento, AIOps puede ayudar a los equipos a asegurar que los servicios cumplan con los estándares acordados e identificar áreas de optimización. Esto puede ayudar a los equipos a comunicar valor a las partes interesadas, justificar inversiones en infraestructura o herramientas, y mejorar continuamente la calidad del servicio con el tiempo.

Al habilitar mejores experiencias de usuario y calidad del servicio, AIOps puede ayudar a los equipos de operaciones de TI a mejorar la satisfacción, retención y lealtad del cliente. Esto puede ayudar a las organizaciones a diferenciarse en un mercado competitivo, impulsar la innovación y el crecimiento, y alcanzar sus objetivos estratégicos.

5. Ahorro de costos y ROI

Implementar AIOps también puede proporcionar ahorros de costos significativos y retorno de inversión (ROI) para los equipos de operaciones de TI y las organizaciones. Al automatizar y optimizar varios aspectos de la gestión del sistema, AIOps puede ayudar a los equipos a reducir costos, mejorar la eficiencia y ofrecer más valor con recursos limitados.

Una de las principales formas en que AIOps puede ahorrar costos es reduciendo la necesidad de trabajo manual e intervención. Tradicionalmente, los equipos de operaciones de TI han dependido de operadores humanos para monitorear sistemas, clasificar alertas y solucionar problemas. Este puede ser un proceso laborioso y costoso, especialmente a medida que la escala y complejidad de los entornos de TI continúan creciendo. Con AIOps, gran parte de este trabajo se puede automatizar utilizando algoritmos de aprendizaje automático y automatización inteligente, liberando a los operadores humanos para que se centren en actividades más estratégicas y de mayor valor.

Por ejemplo, AIOps puede detectar y diagnosticar automáticamente problemas, recomendar o desencadenar acciones de remediación y optimizar configuraciones del sistema basándose en datos e información en tiempo real. Esto puede ayudar a los equipos a resolver problemas de manera más rápida y eficiente sin necesidad de investigación o intervención manual. Según un estudio de Gartner, las organizaciones que adoptan AIOps pueden reducir su tiempo medio de resolución (MTTR) hasta en un 50% y mejorar la productividad de TI hasta en un 25%.

Además de reducir los costos laborales, AIOps puede ayudar a las organizaciones a optimizar su infraestructura y utilización de recursos. Al proporcionar visibilidad en tiempo real sobre el rendimiento y la capacidad del sistema, AIOps puede ayudar a los equipos a tomar decisiones más informadas sobre la asignación y escalado de recursos. Esto puede incluir la identificación de recursos infrautilizados o sobreprovisionados, la recomendación de configuraciones óptimas para diferentes cargas de trabajo, o el provisionamiento o desaprovisionamiento automático de recursos basándose en la demanda.

Al optimizar la utilización de recursos, AIOps puede ayudar a las organizaciones a reducir los costos de infraestructura y mejorar la eficiencia operativa. Por ejemplo, un estudio de caso de Cisco encontró que la implementación de una plataforma de AIOps podría ayudar a uno de sus clientes a reducir sus costos de infraestructura en un 45% y mejorar el rendimiento de la aplicación en un 60%.

Además, AIOps puede ayudar a las organizaciones a evitar el costo del tiempo de inactividad y los problemas de rendimiento. Según un estudio de IBM, el costo promedio de una interrupción no planificada es de $9,000 por minuto, mientras que el costo promedio de una falla crítica de aplicación es de $500,000 a $1 millón por hora. Al habilitar una detección y resolución de problemas más rápida y una prevención proactiva de problemas, AIOps puede ayudar a las organizaciones a minimizar la frecuencia y el impacto de las interrupciones y los problemas de rendimiento, reduciendo los costos y riesgos asociados.

Al proporcionar ahorros de costos y ROI, AIOps puede ayudar a los equipos de operaciones de TI a demostrar su valor y justificar sus inversiones ante las partes interesadas del negocio. Esto puede ayudar a los equipos a asegurar los recursos y el apoyo que necesitan para impulsar la innovación, mejorar la calidad del servicio y satisfacer las necesidades cambiantes de sus usuarios y clientes.

D. Desafíos y consideraciones

Si bien AIOps ofrece numerosos beneficios, implementarlo con éxito requiere una consideración cuidadosa de varios desafíos y posibles inconvenientes. Esta sección explorará los desafíos y preocupaciones clave que los equipos de operaciones de TI deben tener en cuenta al adoptar AIOps.

1. Calidad e integración de datos

Uno de los desafíos más críticos en la implementación de AIOps es garantizar la calidad y la integración de los datos. AIOps depende en gran medida de los datos de múltiples fuentes para proporcionar conocimientos y recomendaciones, por lo que la precisión y la integridad de esos datos son esenciales para la toma de decisiones efectiva.

Sin embargo, en muchas organizaciones, los datos de TI a menudo están silos, son inconsistentes e incompletos. Diferentes sistemas y herramientas pueden usar diferentes formatos, esquemas o taxonomías, lo que dificulta la integración y correlación de datos en todo el entorno. Además, los datos pueden estar incompletos o ser inexactos debido a problemas como configuraciones incorrectas, fallos de red o errores humanos.

Para abordar estos desafíos, los equipos de operaciones de TI deben establecer prácticas sólidas de gobernanza y gestión de datos. Esto incluye definir estándares y políticas de datos claros, implementar verificaciones y validaciones de calidad de datos, y establecer procesos de integración y normalización de datos. Los equipos también pueden necesitar invertir en herramientas de limpieza y enriquecimiento de datos para garantizar que los datos sean precisos, completos y consistentes en diferentes fuentes.

Otra consideración clave es el volumen y la velocidad de los datos. A medida que los entornos de TI se vuelven más complejos y dinámicos, la cantidad de datos generados por sistemas y aplicaciones puede volverse abrumadora rápidamente. Para manejar este diluvio de datos, los equipos deben implementar soluciones de procesamiento y almacenamiento de datos escalables y eficientes, como plataformas de big data, motores de procesamiento de flujos y servicios basados en la nube.

Finalmente, los equipos deben garantizar que los datos sean accesibles y utilizables por diferentes partes interesadas y herramientas. Esto puede requerir la implementación de API de datos, catálogos de datos y plataformas de análisis de autoservicio para permitir que los usuarios descubran, comprendan y aprovechen fácilmente los datos para sus necesidades específicas.

2. Requisitos de habilidades

Otro desafío significativo en la implementación de AIOps son los requisitos de habilidades. AIOps involucra una amplia gama de tecnologías y prácticas, incluyendo aprendizaje automático, big data, automatización y DevOps. Los equipos de operaciones de TI deben tener las habilidades y la experiencia adecuadas para adoptar y aprovechar estas tecnologías con éxito.

Sin embargo, muchas organizaciones luchan por encontrar y retener talento con las habilidades necesarias. Según una encuesta de 451 Research, el 41% de los encuestados citaron la falta de personal capacitado como la principal barrera para la adopción de AIOps. Esta brecha de habilidades puede ser particularmente aguda en áreas como ciencia de datos, aprendizaje automático y computación en la nube, donde la demanda a menudo supera la oferta.

Para abordar este desafío, las organizaciones deben invertir en la capacitación y el desarrollo de habilidades de su personal de TI existente. Esto puede incluir proporcionar acceso a cursos en línea, talleres, programas de certificación y oportunidades para la experiencia práctica y la experimentación. Los equipos también pueden necesitar asociarse con universidades, instituciones de investigación y grupos de la industria para acceder a nuevos canales de talento y mantenerse actualizados con las últimas tendencias y mejores prácticas.

Además de las habilidades técnicas, AIOps requiere una nueva mentalidad y una forma de trabajar. Los equipos deben sentirse cómodos con la toma de decisiones basada en datos, la experimentación y mejora continua, y la colaboración transversal. Esto puede requerir un cambio cultural dentro de la organización y cambios en los procesos, roles y responsabilidades.

Para apoyar este cambio, las organizaciones pueden necesitar establecer nuevos roles y equipos enfocados en AIOps, como ingenieros de AIOps, científicos de datos e ingenieros de fiabilidad del sitio (SRE). Estos roles pueden ayudar a cerrar la brecha entre las operaciones de TI y otras funciones, como el desarrollo de aplicaciones y el análisis de negocios, y asegurar que AIOps esté alineado con los objetivos y estrategias organizacionales más amplios.

3. Cultura organizacional y gestión del cambio

Implementar AIOps también requiere cambios significativos en la cultura y los procesos organizacionales. AIOps representa un enfoque fundamentalmente diferente para las operaciones de TI, enfatizando la automatización, la colaboración y la mejora continua. Para adoptar

AIOps con éxito, las organizaciones deben estar dispuestas a aceptar estos cambios y adaptar su cultura y procesos en consecuencia.

Sin embargo, muchas organizaciones luchan con la gestión del cambio y la resistencia a nuevas formas de trabajar. Los equipos de operaciones de TI pueden dudar en ceder el control y confiar en algoritmos de aprendizaje automático para tomar decisiones y actuar. También pueden estar preocupados por el impacto de la automatización en sus trabajos y roles, temiendo que las máquinas los reemplacen.

Para superar estos desafíos, las organizaciones deben establecer una visión y estrategia claras para AIOps y comunicar los beneficios y el valor que puede proporcionar a diferentes partes interesadas. Esto puede requerir la participación de patrocinadores ejecutivos, líderes empresariales y usuarios finales para construir conciencia y apoyo para la iniciativa.

Las organizaciones también necesitan establecer una cultura de experimentación y aprendizaje continuo. Los equipos deben ser alentados a probar nuevos enfoques y tecnologías, y a aprender de los fracasos y éxitos. Esto puede requerir el establecimiento de laboratorios de innovación dedicados o centros de excelencia, y proporcionar recursos e incentivos para la experimentación y el desarrollo de habilidades.

Otro aspecto clave de la gestión del cambio es involucrar a los empleados en el proceso y darles un sentido de propiedad y control. Los equipos deben ser involucrados en el diseño e implementación de soluciones de AIOps y deben tener oportunidades para proporcionar retroalimentación e input a lo largo del camino. Esto puede ayudar a construir confianza y aceptación, y asegurar que AIOps esté alineado con las necesidades y prioridades de los equipos que lo utilizan.

Finalmente, las organizaciones deben establecer procesos claros de gobernanza y supervisión para AIOps. Esto incluye definir roles y responsabilidades, establecer métricas de rendimiento y KPI, y asegurar que AIOps esté alineado con las estrategias más amplias de TI y negocio. También puede requerir el establecimiento de equipos o comités transversales para proporcionar orientación y dirección, y asegurar que AIOps se utilice de manera ética y responsable.

4. Preocupaciones de seguridad y privacidad

Al igual que con cualquier nueva tecnología, AIOps también plantea importantes preocupaciones de seguridad y privacidad que las organizaciones deben considerar y abordar cuidadosamente.

Una de las principales preocupaciones es la seguridad y confidencialidad de los datos. AIOps depende de grandes volúmenes de datos sensibles, incluidos registros del sistema, métricas de rendimiento e información del usuario. Si estos datos no están debidamente asegurados y protegidos, podrían ser vulnerables al acceso no autorizado, robo o uso indebido. Esto podría llevar a riesgos financieros, legales y de reputación significativos para la organización.

Para mitigar estos riesgos, las organizaciones deben implementar medidas de seguridad y control de acceso sólidas. Esto puede incluir cifrar los datos en tránsito y en reposo, implementar autenticación multifactorial y controles de acceso basados en roles, y monitorear y auditar el acceso y uso de los datos. Las organizaciones también pueden necesitar establecer políticas de retención y eliminación de datos para asegurar que los datos no se conserven más de lo necesario y se eliminen de manera segura cuando ya no se necesiten.

Otra preocupación es el potencial de sesgo y discriminación en los algoritmos y modelos de AIOps. Los algoritmos de aprendizaje automático son tan buenos como los datos con los que se entrenan, y si esos datos contienen sesgos o inexactitudes, los modelos resultantes pueden perpetuar o amplificar esos sesgos. Esto podría llevar a resultados injustos o discriminatorios, como priorizar a ciertos usuarios o servicios sobre otros.

Para abordar esta preocupación, las organizaciones deben asegurar que sus modelos de AIOps sean transparentes, explicables y responsables. Esto puede requerir el uso de técnicas como la selección de características, la regularización y la validación cruzada para reducir el sesgo y mejorar la precisión del modelo. También puede requerir el establecimiento de procesos para la prueba, validación y monitoreo de modelos, y la participación de diversas partes interesadas en el proceso de desarrollo y evaluación del modelo.

Finalmente, las organizaciones deben considerar las implicaciones de privacidad de AIOps, particularmente en relación con los datos del usuario y la información personal. AIOps puede recopilar y analizar grandes cantidades de datos del usuario, como el historial de navegación web, el uso de aplicaciones y los datos de ubicación. Si estos datos no se anonimizan y protegen adecuadamente, podrían ser utilizados para identificar o rastrear a usuarios individuales, violando sus derechos de privacidad.

Para abordar esta preocupación, las organizaciones deben establecer políticas y prácticas claras de privacidad de datos y asegurar el cumplimiento de regulaciones y estándares relevantes, como GDPR,

CCPA y HIPAA. Esto puede requerir la implementación de técnicas de minimización y pseudonimización de datos, y proporcionar a los usuarios opciones claras de aviso y consentimiento sobre cómo se recopilan y utilizan sus datos.

Si bien AIOps ofrece beneficios significativos para las operaciones de TI, plantea desafíos y consideraciones importantes que las organizaciones deben abordar cuidadosamente. Al invertir en calidad e integración de datos, desarrollo de habilidades, gestión del cambio y medidas de seguridad y privacidad, las organizaciones pueden adoptar y aprovechar con éxito AIOps para impulsar la innovación, la eficiencia y el valor para sus negocios y clientes.

III. Arquitectura y Tecnologías de AIOps

A. Fuentes de datos e integración

AIOps depende de diversas fuentes de datos para proporcionar conocimientos y recomendaciones integrales para las operaciones de TI. En esta sección, exploraremos algunas de las fuentes de datos clave con las que las plataformas de AIOps suelen integrarse y las estrategias y herramientas utilizadas para la integración de datos.

1. Registros de infraestructura y aplicaciones

Los registros de infraestructura y aplicaciones son una de las fuentes de datos más importantes para AIOps. Estos registros contienen información detallada sobre el rendimiento, la salud y el comportamiento de los sistemas de TI y aplicaciones, y pueden proporcionar conocimientos valiosos sobre posibles problemas y oportunidades de optimización.

Los registros de infraestructura suelen incluir datos de servidores, sistemas de almacenamiento y dispositivos de red, como utilización de CPU, uso de memoria, I/O de disco y tráfico de red. Estos registros pueden ayudar a identificar cuellos de botella de rendimiento, limitaciones de capacidad y fallos de hardware, y a realizar un seguimiento de los cambios y configuraciones a lo largo del tiempo.

Por otro lado, los registros de aplicaciones contienen datos específicos de aplicaciones y servicios individuales, como mensajes de error, tiempos de solicitud/respuesta e interacciones de los usuarios. Estos registros pueden ayudar a identificar problemas a nivel de aplicación, como errores, fallos y problemas de rendimiento, así como a realizar un seguimiento de patrones y tendencias de uso.

Para integrar y analizar eficazmente estos registros, las plataformas de AIOps deben ser capaces de manejar una amplia variedad de formatos y estructuras de registros, incluidos texto sin formato, JSON, XML y datos binarios. También deben ser capaces de analizar y extraer campos y valores relevantes de los registros, como marcas de tiempo, niveles de severidad y códigos de error, y correlacionarlos con otras fuentes de datos para obtener conocimientos más profundos.

2. Métricas de rendimiento y eventos

Otra fuente de datos clave para AIOps son las métricas de rendimiento y los eventos. Estas son medidas cuantitativas del comportamiento de sistemas y aplicaciones, como tiempos de respuesta, rendimiento y utilización de recursos, así como eventos o cambios de estado discretos, como alertas, notificaciones e incidentes de servicio.

Las métricas de rendimiento proporcionan una vista en tiempo real de la salud y el rendimiento del sistema y pueden ayudar a identificar tendencias, patrones y anomalías a lo largo del tiempo. Por ejemplo, al rastrear métricas como el uso de CPU, la utilización de memoria y la latencia de red, las plataformas de AIOps pueden detectar cuando un sistema se está acercando a un umbral de rendimiento o límite de capacidad y desencadenar acciones automáticas para prevenir o mitigar problemas.

Por otro lado, los eventos proporcionan señales discretas de cambios de estado del sistema o aplicación y pueden ayudar a identificar y priorizar problemas que requieren atención inmediata. Por ejemplo, al rastrear eventos como errores de aplicaciones, interrupciones de servicio o alertas de seguridad, las plataformas de AIOps pueden detectar y responder rápidamente a incidentes críticos y coordinar esfuerzos de remediación entre múltiples equipos y herramientas.

Para integrar y analizar eficazmente las métricas de rendimiento y los eventos, las plataformas de AIOps deben recopilar datos de una amplia gama de herramientas de monitoreo y observabilidad, como Prometheus, Grafana, Nagios y Splunk. También necesitan normalizar y agregar datos de múltiples fuentes y aplicar algoritmos de aprendizaje automático para detectar patrones, anomalías y correlaciones en los datos.

3. Datos de red y seguridad

Los datos de red y seguridad también son fuentes importantes de información para AIOps, especialmente para identificar y mitigar posibles amenazas y vulnerabilidades de seguridad.

Los datos de red incluyen información sobre el tráfico de red, como capturas de paquetes, registros de flujo, datos de topología y datos de dispositivos y servicios de red, como *routers*, *switches* y balanceadores de carga. Estos datos pueden ayudar a identificar problemas de rendimiento de red, como latencia, pérdida de paquetes y congestión, y detectar posibles amenazas de seguridad, como ataques DDoS, infecciones de *malware* e intentos de acceso no autorizado.

Por otro lado, los datos de seguridad incluyen información de una amplia gama de herramientas y sistemas de seguridad, como *firewalls*, sistemas de detección/prevención de intrusiones (IDS/IPS), plataformas de gestión de información y eventos de seguridad (SIEM) y escáneres de vulnerabilidades. Estos datos pueden ayudar a identificar posibles brechas de seguridad, infecciones de malware y violaciones de cumplimiento, y a rastrear el comportamiento de usuarios y activos a lo largo del tiempo.

Para integrar y analizar eficazmente los datos de red y seguridad, las plataformas de AIOps deben ser capaces de manejar grandes volúmenes de datos de alta velocidad, a menudo en tiempo real o casi en tiempo real. También deben ser capaces de correlacionar datos de múltiples fuentes y aplicar técnicas avanzadas de analítica y aprendizaje automático, como detección de anomalías, análisis de comportamiento e inteligencia de amenazas, para identificar posibles riesgos de seguridad y priorizar los esfuerzos de respuesta.

4. Experiencia del usuario y métricas de negocio

Además de las fuentes de datos técnicas, las plataformas de AIOps deben integrarse con métricas de experiencia del usuario y de negocio para proporcionar una vista más holística de las operaciones de TI y su impacto en los usuarios finales y en los resultados del negocio.

Las métricas de experiencia del usuario incluyen datos sobre cómo los usuarios interactúan con aplicaciones y servicios, como tiempos de carga de páginas, tasas de error y recorridos de usuarios. Estos datos pueden ayudar a identificar posibles problemas de usabilidad y rendimiento y a rastrear la satisfacción y el compromiso de los usuarios a lo largo del tiempo.

Por otro lado, las métricas de negocio incluyen datos sobre cómo las operaciones de TI impactan en los resultados del negocio, como ingresos, costos y satisfacción del cliente. Por ejemplo, al rastrear métricas como volúmenes de transacciones, tasas de conversión y deserción de clientes, las plataformas de AIOps pueden ayudar a identificar cómo los problemas y las interrupciones de TI impactan en los resultados del negocio y a priorizar los esfuerzos para mejorar la calidad y la fiabilidad del servicio.

Para integrar y analizar eficazmente las métricas de experiencia del usuario y de negocio, las plataformas de AIOps deben recopilar datos de una amplia gama de fuentes, como herramientas de análisis web, sistemas de gestión de relaciones con clientes (CRM) y plataformas de inteligencia empresarial (BI). También necesitan ser capaces de correlacionar estos datos con métricas y eventos técnicos para proporcionar una imagen más completa de las operaciones de TI y su impacto en el negocio.

5. Estrategias y herramientas de integración

Las plataformas de AIOps deben emplear una variedad de estrategias y herramientas de integración para integrar y analizar eficazmente los datos de múltiples fuentes.

Un enfoque común es utilizar un data lake o data warehouse centralizado para almacenar y gestionar todos los datos en una única ubicación. Esto permite una integración, normalización y análisis de datos más fácil, así como tiempos de consulta y recuperación más rápidos. Sin embargo, también puede ser más complejo y costoso de configurar y mantener, especialmente para entornos a gran escala.

Otro enfoque es utilizar una arquitectura federada o distribuida, donde los datos se almacenan y procesan en múltiples ubicaciones o sistemas, pero se pueden consultar y analizar como una única unidad lógica. Esto puede ser más flexible y escalable que un enfoque centralizado, pero puede requerir más coordinación y gobernanza para asegurar la consistencia y calidad de los datos.

Independientemente del enfoque, las plataformas de AIOps suelen utilizar una variedad de herramientas y tecnologías para la integración de datos, tales como:

- *Pipelines* de datos y herramientas ETL (extracción, transformación, carga), como Apache NiFi, Talend y AWS Glue, para extraer datos de los sistemas de origen, transformarlos en un formato común y

cargarlos en los sistemas de destino.
- Pasarelas API y mallas de servicios, como Kong, Apigee e Istio, para gestionar y asegurar los flujos de datos entre diferentes servicios y sistemas.
- Herramientas de virtualización y federación de datos, como Denodo, Delphix e IBM Cloud Pak for Data, para crear vistas virtuales de datos a través de múltiples fuentes y sistemas.
- Herramientas de calidad y gobernanza de datos, como Collibra, Informatica y Talend, para asegurar la precisión, consistencia y cumplimiento de los datos con las políticas y regulaciones.

En general, la integración eficaz de datos es un componente crítico de AIOps, ya que permite que la plataforma proporcione una vista más completa y precisa de las operaciones de TI y soporte capacidades más avanzadas de analítica y automatización. Al aprovechar una variedad de estrategias y herramientas, las plataformas de AIOps pueden ayudar a las organizaciones a descomponer silos de datos, mejorar la calidad y gobernanza de los datos, y tomar decisiones más informadas y proactivas en todo el ciclo de vida de TI.

B. Procesamiento y almacenamiento de big data

Las plataformas de AIOps deben ser capaces de manejar y procesar grandes cantidades de datos de diversas fuentes en tiempo real o casi en tiempo real para proporcionar conocimientos y recomendaciones accionables. Esto requiere tecnologías robustas y escalables de procesamiento y almacenamiento de big data para manejar el volumen, la variedad y la velocidad de los datos generados en los entornos de TI modernos.

1. Frameworks de computación distribuida (por ejemplo, Hadoop, Spark)

Los *frameworks* de computación distribuida son esenciales para procesar y analizar grandes volúmenes de datos de manera escalable y tolerante a fallos. Estos *frameworks* permiten el procesamiento paralelo de datos en múltiples nodos de un *cluster*, lo que permite un análisis de big data más rápido y eficiente.

Apache Hadoop es uno de los *frameworks* de computación distribuida más utilizados para el procesamiento de big data. Consta de dos componentes principales: el sistema de archivos distribuido de Hadoop (HDFS) para almacenar datos en múltiples nodos y MapReduce para procesar y analizar datos en paralelo. Hadoop ha sido ampliamente adoptado en la industria debido a su capacidad para manejar grandes volúmenes de datos estructurados y no estructurados, así como su tolerancia a fallos y escalabilidad.

Apache Spark es otro *framework* de computación distribuida que ha ganado una tracción significativa en los últimos años. Está diseñado para ser más rápido y flexible que Hadoop, con soporte para procesamiento en memoria y una amplia gama de tareas de procesamiento de datos, incluidas el procesamiento por lotes, el procesamiento de flujos y el aprendizaje automático. Spark puede ejecutarse sobre Hadoop o de forma independiente y tiene API para varios lenguajes de programación, incluidos Java, Python y Scala.

Otros *frameworks* de computación distribuida utilizados en AIOps incluyen Apache Flink, diseñado para el procesamiento de flujos y analítica en tiempo real, y Apache Storm, un sistema de computación en tiempo real distribuido para procesar grandes volúmenes de datos.

2. Bases de datos NoSQL y data lakes

Las bases de datos NoSQL y los *data lakes* son esenciales para almacenar y gestionar grandes volúmenes de datos no estructurados y semiestructurados en entornos de AIOps.

Las bases de datos NoSQL están diseñadas para manejar grandes volúmenes de datos que no se ajustan bien a los modelos de bases de datos relacionales tradicionales. Proporcionan alta escalabilidad, disponibilidad y flexibilidad y pueden manejar varios tipos y formatos de datos. Algunas bases de datos NoSQL populares utilizadas en AIOps incluyen:

- **MongoDB:** una base de datos orientada a documentos que almacena datos en documentos flexibles similares a JSON.
- **Cassandra:** una base de datos de columnas anchas que proporciona alta escalabilidad y disponibilidad para grandes volúmenes de datos estructurados.
- **Elasticsearch:** un motor de búsqueda y analítica que proporciona búsqueda, análisis y visualización de datos en tiempo real.

Por otro lado, los *data lakes* son repositorios centralizados que permiten a las organizaciones almacenar todos sus datos estructurados y no estructurados a cualquier escala. Proporcionan una forma rentable y flexible de almacenar y analizar grandes volúmenes de datos de múltiples fuentes sin necesidad de modelado o transformación de datos complejos. Los *data lakes* se pueden construir sobre sistemas de almacenamiento distribuido como HDFS o servicios de almacenamiento en la nube como Amazon S3 o Azure Data Lake Storage.

En AIOps, los *data lakes* pueden servir como un repositorio central para todos los datos generados por varios sistemas y aplicaciones de TI, incluidos registros, métricas, eventos y trazas. Esto permite una integración, análisis y visualización de datos más fácil a través de diferentes fuentes y formatos de datos. Los *data lakes* también pueden habilitar capacidades de analítica y aprendizaje automático más avanzadas al proporcionar un conjunto de datos rico y diverso para entrenar y probar modelos.

3. Procesamiento de flujos y analítica en tiempo real

El procesamiento de flujos y la analítica en tiempo real son críticos para AIOps, ya que permiten que la plataforma procese y analice datos en tiempo real o casi en tiempo real y proporcione conocimientos y recomendaciones oportunas para las operaciones de TI.

El procesamiento de flujos se refiere al procesamiento de datos en movimiento, a medida que se generan o reciben por el sistema. Esto contrasta con el procesamiento por lotes, que procesa datos en grandes lotes de forma periódica. El procesamiento de flujos es esencial para manejar flujos de datos de alta velocidad, como archivos de registro, métricas y eventos, y proporcionar visibilidad y conocimientos en tiempo real sobre las operaciones de TI.

Algunos *frameworks* de procesamiento de flujos populares utilizados en AIOps incluyen:

- **Apache Kafka:** una plataforma de transmisión distribuida que permite la publicación y suscripción en tiempo real de flujos de datos.
- **Apache Flink:** un *framework* de procesamiento de flujos distribuido que proporciona procesamiento de datos de baja latencia y alto rendimiento.
- **Apache Spark Streaming:** una extensión del *framework* Spark que permite el procesamiento en tiempo real de flujos de datos.

Por otro lado, la analítica en tiempo real se refiere a la capacidad de analizar y visualizar datos a medida que se generan o reciben, sin necesidad de procesamiento por lotes o almacenamiento de datos. Esto permite que las plataformas de AIOps proporcionen conocimientos y recomendaciones casi instantáneas basadas en los datos más recientes y detecten y respondan a problemas y anomalías en tiempo real.

La analítica en tiempo real se puede habilitar mediante el procesamiento de flujos, la computación en memoria y las tecnologías de visualización de datos en tiempo real. Por ejemplo, al utilizar bases de datos en memoria como Apache Ignite o Redis, las plataformas de AIOps pueden almacenar y procesar datos en memoria para consultas y análisis más rápidos. Las herramientas de visualización de datos en tiempo real como Grafana o Kibana pueden entonces crear paneles en vivo y alertas basadas en los datos más recientes.

En general, las tecnologías de procesamiento y almacenamiento de *big data* son esenciales para habilitar las plataformas de AIOps para manejar el volumen, la variedad y la velocidad de los datos generados en los entornos de TI modernos. Al aprovechar *frameworks* de computación distribuida, bases de datos NoSQL, *data lakes*, procesamiento de flujos y tecnologías de analítica en tiempo real, las plataformas de AIOps pueden proporcionar conocimientos y recomendaciones más escalables, flexibles y en tiempo real para las operaciones de TI, permitiendo una detección y resolución de problemas más rápida y una optimización proactiva de los servicios de TI.

C. Algoritmos de aprendizaje automático e IA

Los algoritmos de aprendizaje automático e inteligencia artificial (IA) son el núcleo de las plataformas de AIOps, permitiéndoles analizar e interpretar automáticamente grandes volúmenes de datos de operaciones de TI y proporcionar conocimientos y recomendaciones inteligentes. En esta sección, exploraremos algunas de las técnicas clave de aprendizaje automático e IA utilizadas en AIOps y cómo se pueden aplicar a varios casos de uso de operaciones de TI.

1. Aprendizaje supervisado y no supervisado

El aprendizaje supervisado y no supervisado son dos técnicas fundamentales de aprendizaje automático utilizadas en AIOps.

El aprendizaje supervisado implica entrenar un modelo en un conjunto de datos etiquetado, donde los datos de entrada están marcados con la salida o variable objetivo correcta. El objetivo del aprendizaje supervisado es aprender una función de mapeo de las variables de entrada a la variable de salida, de modo que el modelo pueda predecir la salida para nuevos datos de entrada no vistos. Algunos algoritmos de aprendizaje supervisado comunes utilizados en AIOps incluyen:

- **Regresión lineal:** utilizada para predecir una variable de salida continua, como el tiempo de respuesta esperado de una aplicación en función de varias características de entrada como el uso de CPU, uso de memoria y latencia de red.
- **Regresión logística:** utilizada para predecir una variable de salida binaria, como si un incidente de TI es probable que se resuelva dentro del tiempo de SLA o no, en función de varias características de entrada como la gravedad del incidente, la prioridad y el equipo asignado.
- **Árboles de decisión y bosques aleatorios:** utilizados tanto para tareas de regresión como de clasificación, aprendiendo un conjunto de reglas de decisión basadas en las características de entrada que conducen a la variable de salida correcta.
- **Máquinas de vectores de soporte (SVM):** utilizadas para tareas de clasificación, encontrando el hiperplano que mejor separa las diferentes clases en el espacio de características de entrada.

Por otro lado, el aprendizaje no supervisado implica entrenar un modelo en un conjunto de datos no etiquetado, donde los datos de entrada no tienen una variable de salida correspondiente. El objetivo del aprendizaje no supervisado es descubrir patrones, estructuras o relaciones ocultas en los datos de entrada sin ningún conocimiento o guía previa. Algunos algoritmos de aprendizaje no supervisado comunes utilizados en AIOps incluyen:

- **Agrupamiento:** utilizado para agrupar puntos de datos similares basados en sus características de entrada, como identificar diferentes tipos de incidentes de TI en función de sus síntomas, causas raíz e impacto.
- **Reducción de dimensionalidad:** utilizada para reducir el número de características de entrada mientras se preserva la información

más importante, como identificar las métricas o registros clave que son más indicativos de la salud o el rendimiento del sistema.

- **Detección de anomalías:** utilizada para identificar puntos de datos raros o inusuales que se desvían significativamente de la norma, como detectar fallos del sistema o de la aplicación, brechas de seguridad o degradaciones del rendimiento.

2. Aprendizaje profundo y redes neuronales

El aprendizaje profundo es una subcategoría del aprendizaje automático que utiliza redes neuronales artificiales con múltiples capas para aprender representaciones jerárquicas de los datos de entrada. Ha logrado un rendimiento de vanguardia en muchos dominios, incluida la visión por computadora, el procesamiento del lenguaje natural y el reconocimiento de voz, y se está aplicando cada vez más a los casos de uso de AIOps.

Las redes neuronales son los bloques de construcción de los modelos de aprendizaje profundo, que consisten en nodos o neuronas interconectados que procesan y transforman los datos de entrada a través de una serie de conexiones ponderadas y funciones de activación. Algunos tipos comunes de redes neuronales utilizadas en AIOps incluyen:

- **Redes neuronales feedforward (FFNN):** el tipo más simple de red neuronal, donde los datos de entrada fluyen a través de una o más capas ocultas de neuronas antes de llegar a la capa de salida. Las FFNN se utilizan comúnmente para tareas de regresión y clasificación, como predecir la gravedad de un incidente de TI en

función de varias características de entrada.
- **Redes neuronales convolucionales (CNN):** un tipo de red neuronal diseñada para procesar datos en forma de cuadrícula, como imágenes o series temporales. Las CNN utilizan capas convolucionales para aprender patrones y características locales en los datos de entrada y se utilizan comúnmente para tareas de detección de anomalías y reconocimiento de patrones en AIOps, como identificar patrones inusuales en registros o métricas del sistema.
- **Redes neuronales recurrentes (RNN):** un tipo de red neuronal diseñada para procesar datos secuenciales, como series temporales o lenguaje natural. Las RNN utilizan capas recurrentes para mantener un estado oculto que captura el contexto y las dependencias entre los elementos de entrada y se utilizan comúnmente para tareas como el análisis de registros, la correlación de eventos y el mantenimiento predictivo en AIOps.

Dependiendo de la disponibilidad y calidad de los datos etiquetados, los modelos de aprendizaje profundo se pueden entrenar utilizando técnicas de aprendizaje supervisado, no supervisado o semi-supervisado. También se pueden combinar con técnicas de aprendizaje automático, como el aprendizaje por transferencia o el aprendizaje por refuerzo, para mejorar su rendimiento y generalización.

3. Detección de anomalías y agrupamiento

La detección de anomalías y el agrupamiento son dos técnicas clave de aprendizaje no supervisado utilizadas en AIOps para identificar y agrupar patrones inusuales o inesperados en los datos de operaciones de TI.

La detección de anomalías implica identificar puntos de datos raros o inusuales que se desvían significativamente de la norma en función de alguna medida de distancia o disimilitud. Algunas técnicas comunes de detección de anomalías utilizadas en AIOps incluyen:

- **Métodos estadísticos:** utilizan medidas estadísticas como la media, la desviación estándar o los percentiles para identificar puntos de datos que se encuentran fuera de un rango o umbral determinado.
- **Métodos basados en la distancia:** utilizan métricas de distancia como la distancia euclidiana o la distancia de Mahalanobis para identificar puntos de datos que están lejos de la mayoría de los datos.
- **Métodos basados en la densidad:** utilizan técnicas de estimación de densidad, como la estimación de densidad de *kernel* o el factor de vecino local, para identificar puntos de datos con una baja densidad en comparación con sus vecinos.

La detección de anomalías se puede aplicar a varios tipos de datos de operaciones de TI, como registros del sistema, métricas o trazas, para identificar posibles problemas o fallos que requieren atención. Por ejemplo, al detectar picos inusuales en el uso de CPU o en el tráfico de red, las plataformas de AIOps pueden identificar y diagnosticar proactivamente problemas de rendimiento antes de que afecten a los usuarios finales.

Por otro lado, el agrupamiento implica agrupar puntos de datos similares en función de sus características de entrada sin ningún conocimiento previo de las etiquetas o estructuras del grupo. Algunos algoritmos de agrupamiento comunes utilizados en AIOps incluyen:

- **K-means:** un algoritmo simple y rápido que divide los datos en K *clusters* en función de la distancia euclidiana entre los puntos de datos y los centroides de los *clusters*.
- **Agrupamiento jerárquico:** una familia de algoritmos que construye una estructura en forma de árbol de *clusters* anidados al fusionar *clusters* más pequeños en clusters más grandes (agrupamiento aglomerativo) o al dividir *clusters* más grandes en *clusters* más pequeños (agrupamiento divisivo).
- **DBSCAN:** un algoritmo basado en la densidad que agrupa puntos de datos que están densamente empaquetados en el espacio de características y identifica los puntos de datos que no pertenecen a ningún *cluster* como valores atípicos.

El agrupamiento se puede aplicar a varios tipos de datos de operaciones de TI, como registros, métricas o eventos, para identificar patrones y relaciones que pueden no ser aparentes a partir de puntos de datos individuales. Por ejemplo, al agrupar incidentes de TI en función de sus síntomas y causas raíz, las plataformas de AIOps pueden ayudar a identificar problemas comunes y priorizar los esfuerzos de resolución.

4. Procesamiento del lenguaje natural y análisis de sentimientos

El procesamiento del lenguaje natural (NLP) y el análisis de sentimientos son dos técnicas clave utilizadas en AIOps para extraer conocimientos y significado de datos de texto no estructurados, como registros, *tickets* o comentarios de usuarios.

NLP implica el uso de técnicas computacionales para procesar, analizar y comprender el lenguaje humano escrito y hablado. Algunas técnicas comunes de NLP utilizadas en AIOps incluyen:

- **Tokenización:** dividir el texto en palabras o tokens individuales, que luego se pueden procesar y analizar.
- **Etiquetado de partes del discurso:** identificar el rol gramatical de cada palabra en el texto, como sustantivo, verbo, adjetivo, etc.
- **Reconocimiento de entidades nombradas:** identificar y clasificar entidades nombradas en el texto, como personas, organizaciones, ubicaciones o productos.
- **Clasificación de texto:** asignar una o más categorías o etiquetas predefinidas al texto en función de su contenido y significado.

NLP se puede aplicar a varios tipos de datos de operaciones de TI, como mensajes de registro, *tickets* de soporte o comentarios de usuarios, para extraer información y conocimientos relevantes. Por ejemplo, al usar NLP para analizar mensajes de registro, las plataformas de AIOps pueden identificar y clasificar automáticamente patrones de error comunes o extraer parámetros y valores clave que pueden indicar la causa raíz de un problema.

El análisis de sentimientos, por otro lado, implica el uso de técnicas de NLP y aprendizaje automático para identificar y cuantificar el tono emocional u opinión expresada en un texto. Se puede utilizar para clasificar el texto como positivo, negativo o neutral, o para asignar una puntuación de sentimiento en una escala continua.

El análisis de sentimientos se puede aplicar a varios tipos de datos de operaciones de TI, como reseñas de usuarios, publicaciones en redes sociales o *tickets* de soporte, para medir la satisfacción del usuario e identificar posibles problemas u oportunidades de mejora. Por ejemplo, al analizar comentarios de usuarios y *tickets* de soporte, las plataformas de AIOps pueden identificar puntos de dolor o frustraciones comunes y priorizar correcciones o mejoras basadas en el sentimiento del usuario.

5. Aprendizaje por refuerzo y optimización

El aprendizaje por refuerzo (RL) es un tipo de aprendizaje automático en el que un agente aprende a tomar decisiones al interactuar con un entorno y recibir retroalimentación en forma de recompensas o penalizaciones. El RL se puede utilizar en AIOps para optimizar y automatizar varias tareas de operaciones de TI, como la asignación de recursos, la gestión de configuraciones o la respuesta a incidentes.

En un marco de RL, el agente (por ejemplo, una plataforma de AIOps) observa el estado actual del entorno (por ejemplo, la infraestructura de TI), toma una acción (por ejemplo, asignar más recursos a una aplicación en particular) y recibe una recompensa o penalización basada en el resultado de la acción (por ejemplo, mejora del rendimiento de la aplicación o aumento del costo). El objetivo del agente es aprender una política que maximice la recompensa acumulada a lo largo del tiempo al explorar diferentes acciones y explotar las que conducen a los mejores resultados.

Algunos algoritmos de RL comunes utilizados en AIOps incluyen:

- **Q-learning:** un algoritmo sin modelo que aprende una función de valor (Q-function) que estima la recompensa acumulada esperada de tomar una acción particular en un estado específico.
- **Gradiente de política:** un algoritmo sin modelo que aprende direc-

tamente una función de política que asigna estados a acciones al maximizar la recompensa acumulada esperada utilizando ascenso de gradiente.
- **RL basado en modelos:** una familia de algoritmos que aprenden un modelo del entorno (por ejemplo, una función de transición y una función de recompensa) y lo utilizan para planificar y optimizar las acciones.

El RL se puede aplicar a varias tareas de operaciones de TI, tales como:

- **Optimización de recursos:** aprender a asignar y escalar recursos (por ejemplo, CPU, memoria, almacenamiento) en diferentes aplicaciones y servicios basándose en su rendimiento y patrones de uso.
- **Optimización de configuraciones:** aprender a ajustar y optimizar parámetros de configuración (por ejemplo, tamaño de caché, grupos de hilos, tiempos de espera) para diferentes aplicaciones y servicios en función de su carga de trabajo y requisitos.
- **Respuesta a incidentes:** aprender a priorizar y enrutar incidentes a los equipos o individuos adecuados basándose en su gravedad, impacto y patrones históricos de resolución.

En resumen, los algoritmos de aprendizaje automático e IA son componentes esenciales de las plataformas de AIOps, permitiéndoles analizar e interpretar automáticamente grandes volúmenes de datos de operaciones de TI y proporcionar conocimientos y recomendaciones inteligentes para mejorar el rendimiento, la fiabilidad y la eficiencia de los servicios de TI. Al aprovechar técnicas de aprendizaje supervisado y no supervisado, aprendizaje profundo, detección de anomalías, agrupamiento, procesamiento del lenguaje natural, análisis de sentimientos y aprendizaje por refuerzo, las plataformas de AIOps pueden ayudar a los equipos de TI a identificar y resolver proactivamente problemas, optimizar la utilización de recursos y ofrecer mejores experiencias de usuario.

D. Herramientas de automatización y orquestación

Las herramientas de automatización y orquestación son componentes críticos de una plataforma de AIOps. Permiten la ejecución fluida de varias tareas y flujos de trabajo de operaciones de TI basados en los conocimientos y recomendaciones proporcionados por los algoritmos de IA y aprendizaje automático. Estas herramientas ayudan a reducir la intervención manual, minimizar los errores humanos y mejorar la eficiencia y fiabilidad general de las operaciones de TI.

1. Gestión de configuraciones

Las herramientas de gestión de configuraciones automatizan el aprovisionamiento, configuración y gestión de la infraestructura y aplicaciones de TI. Permiten la definición y aplicación de configuraciones de estado deseado en múltiples sistemas y entornos, asegurando la consistencia y el cumplimiento con las políticas y estándares organizacionales.

Puppet y Chef son dos herramientas populares de gestión de configuraciones utilizadas en AIOps:

- **Puppet:** Puppet es una herramienta de gestión de configuraciones declarativa que utiliza un lenguaje específico de dominio (DSL) para definir el estado deseado de un sistema. Funciona compilando el código de configuración en un catálogo, que luego se aplica a los sistemas de destino utilizando una arquitectura de agente-servidor. Puppet es compatible con una amplia gama de sistemas operativos y puede integrarse con varias herramientas y plataformas, como Git, Jenkins y AWS.

- **Chef:** Chef es otra herramienta popular de gestión de configuraciones que utiliza un DSL basado en Ruby para definir el estado deseado de un sistema. Funciona utilizando *cookbooks*, que son colecciones de recetas que describen los pasos de configuración a realizar en los sistemas de destino. Chef es compatible con varias plataformas y puede integrarse con herramientas como Docker, Kubernetes y Azure.

Las herramientas de gestión de configuraciones se pueden integrar con plataformas de AIOps para automatizar el aprovisionamiento y configuración de la infraestructura de TI basándose en los conocimientos y recomendaciones proporcionados por los algoritmos de IA y aprendizaje automático. Por ejemplo, si la plataforma de AIOps detecta un problema de rendimiento con una aplicación en particular, puede desencadenar automáticamente un cambio de configuración utilizando Puppet o Chef para asignar más recursos a la aplicación.

2. Contenerización y microservicios

La contenerización y los microservicios son tecnologías clave en el desarrollo y despliegue de aplicaciones modernas. Los contenedores proporcionan una forma ligera y portátil de empaquetar y desplegar aplicaciones, mientras que los microservicios permiten la descomposición de aplicaciones monolíticas en servicios más pequeños y acoplados libremente que pueden desarrollarse, desplegarse y escalarse de forma independiente.

Docker y Kubernetes son dos herramientas populares utilizadas para la contenerización y orquestación de microservicios:

- **Docker:** Docker es una plataforma que permite la creación, despliegue y ejecución de contenedores. Proporciona una forma simple y consistente de empaquetar aplicaciones y sus dependencias en contenedores, que luego se pueden ejecutar en cualquier sistema que soporte Docker. Docker también proporciona un registro para almacenar y compartir imágenes de contenedores y herramientas para construir, probar y desplegar contenedores.
- **Kubernetes:** Kubernetes es una plataforma de orquestación de contenedores de código abierto que permite el despliegue, escalado y gestión automatizados de aplicaciones contenerizadas. Proporciona una forma declarativa de definir el estado deseado de una aplicación contenerizada y gestiona automáticamente la infraestructura subyacente para asegurar que el estado deseado se mantenga. Kubernetes es compatible con varios runtimes de contenedores, incluido Docker, y se puede desplegar en instalaciones o en la nube.

La contenerización y los microservicios se pueden integrar con plataformas de AIOps para habilitar el despliegue y escalado automatizados de aplicaciones basándose en los conocimientos y recomendaciones proporcionados por los algoritmos de IA y aprendizaje automático. Por ejemplo, si la plataforma de AIOps detecta un aumento de tráfico en un microservicio en particular, puede desencadenar automáticamente el despliegue de contenedores adicionales utilizando Kubernetes para manejar la carga incrementada.

3. Automatización de cargas de trabajo y programación de trabajos

Las herramientas de automatización de cargas de trabajo y programación de trabajos automatizan la ejecución de trabajos por lotes, *scripts* y otras tareas en múltiples sistemas y entornos. Permiten la definición y programación de flujos de trabajo complejos, así como el monitoreo y gestión de su ejecución.

Algunas herramientas populares de automatización de cargas de trabajo y programación de trabajos utilizadas en AIOps incluyen:

- **Apache Airflow:** Apache Airflow es una plataforma de código abierto para la creación, programación y monitoreo de flujos de trabajo de manera programática. Proporciona un DSL basado en Python para definir flujos de trabajo como grafos acíclicos dirigidos (DAGs) y es compatible con varias integraciones con herramientas como Docker, Kubernetes y AWS.
- **Jenkins:** Jenkins es un servidor de automatización de código abierto que permite la integración continua y la entrega continua (CI/CD) de software. Proporciona una interfaz web para definir y gestionar trabajos, así como una arquitectura de plugins para integrarse con varias herramientas y plataformas.
- **Control-M:** Control-M es una plataforma comercial de automatización de cargas de trabajo que permite la definición, programación y monitoreo de trabajos por lotes y flujos de trabajo en

múltiples sistemas y aplicaciones. Proporciona una interfaz web para gestionar flujos de trabajo y APIs para integrarse con otras herramientas y plataformas.

Las herramientas de automatización de cargas de trabajo y programación de trabajos se pueden integrar con plataformas de AIOps para automatizar la ejecución de varias tareas de operaciones de TI basadas en los conocimientos y recomendaciones proporcionados por los algoritmos de IA y aprendizaje automático. Por ejemplo, si la plataforma de AIOps detecta un problema de rendimiento con un trabajo por lotes en particular, puede desencadenar automáticamente un flujo de trabajo utilizando Apache Airflow para investigar y resolver el problema.

4. Computación sin servidor y función como servicio (FaaS)

La computación sin servidor y la función como servicio (FaaS) son paradigmas emergentes que permiten la ejecución de código sin la necesidad de gestionar la infraestructura subyacente. En una arquitectura sin servidor, el proveedor de la nube asigna dinámicamente los recursos necesarios para ejecutar una pieza de código y cobra al usuario solo por el tiempo de ejecución real y los recursos consumidos.

Algunas plataformas populares de computación sin servidor y FaaS utilizadas en AIOps incluyen:

- **AWS Lambda:** AWS Lambda es una plataforma de computación sin servidor que permite la ejecución de código en respuesta a eventos o solicitudes HTTP. Es compatible con varios lenguajes de programación, incluidos Python, Node.js y Java, y puede integrarse con varios servicios de AWS, como S3, DynamoDB y API Gateway.

- **Azure Functions:** Azure Functions es un servicio de computación sin servidor que permite la ejecución de código en respuesta a eventos o solicitudes HTTP. Es compatible con varios lenguajes de programación, incluidos C#, Python y JavaScript, y puede integrarse con varios servicios de Azure, como Blob Storage, Cosmos DB y Event Grid.

- **Google Cloud Functions:** Google Cloud Functions es un entorno de ejecución sin servidor para construir y conectar servicios en la nube. Es compatible con varios lenguajes de programación, incluidos Python, Node.js y Go, y puede integrarse con varios servicios de Google Cloud, como Cloud Storage, Cloud Pub/Sub y Cloud Firestore.

La computación sin servidor y FaaS se pueden integrar con plataformas de AIOps para habilitar la ejecución automatizada de varias tareas de operaciones de TI basadas en los conocimientos y recomendaciones proporcionados por los algoritmos de IA y aprendizaje automático. Por ejemplo, si la plataforma de AIOps detecta una amenaza de seguridad, puede desencadenar automáticamente una función Lambda para aislar los recursos afectados y notificar a los equipos pertinentes.

En general, las herramientas de automatización y orquestación son componentes esenciales de una plataforma de AIOps, permitiendo la ejecución fluida de varias tareas y flujos de trabajo de operaciones de TI basados en los conocimientos y recomendaciones proporcionados por los algoritmos de IA y aprendizaje automático. Al aprovechar herramientas como la gestión de configuraciones, la contenerización y los microservicios, la automatización de cargas de trabajo y la programación de trabajos, y la computación sin servidor y FaaS, las plataformas de AIOps pueden ayudar a las organizaciones a mejorar la eficiencia, fiabilidad y agilidad de sus operaciones de TI, al mismo tiempo que reducen costos y riesgos.

E. Plataformas de monitoreo y visualización

Las plataformas de monitoreo y visualización son componentes cruciales de una arquitectura de AIOps. Proporcionan conocimientos en tiempo real sobre el rendimiento, la disponibilidad y la experiencia del usuario de aplicaciones e infraestructura. Estas plataformas recopilan, procesan y analizan grandes volúmenes de datos de diversas fuentes, como registros, métricas, trazas y eventos, y presentan los conocimientos de una manera visualmente intuitiva y procesable.

1. Monitoreo del rendimiento de aplicaciones (APM)

Las herramientas de monitoreo del rendimiento de aplicaciones (APM) monitorean y gestionan el rendimiento y la disponibilidad de las aplicaciones de software. Proporcionan visibilidad de extremo a extremo en la pila de aplicaciones, desde la interfaz de usuario hasta la infraestructura subyacente, lo que permite identificar y resolver problemas de rendimiento antes de que impacten en los usuarios finales.

Algunas herramientas populares de APM utilizadas en AIOps incluyen:

- **Dynatrace:** Dynatrace es una plataforma de monitoreo de pila completa impulsada por IA que proporciona observabilidad de extremo a extremo de aplicaciones, infraestructura y experiencia del usuario. Utiliza instrumentación automatizada y descubrimiento continuo para mapear las dependencias entre componentes de aplicaciones e infraestructura y proporciona conocimientos y recomendaciones impulsados por IA para optimizar el rendimiento y la disponibilidad.

- **AppDynamics:** AppDynamics es una plataforma de gestión del rendimiento de aplicaciones y análisis de operaciones de TI que proporciona monitoreo y conocimientos en tiempo real sobre el rendimiento de aplicaciones, la experiencia del usuario y los resultados del negocio. Utiliza algoritmos de aprendizaje automático para detectar anomalías y predecir problemas de rendimiento, y proporciona análisis de causa raíz y remediación automatizada.
- **New Relic:** New Relic es una plataforma de observabilidad basada en la nube que proporciona conocimientos en tiempo real sobre el rendimiento de aplicaciones, la salud de la infraestructura y la experiencia del usuario. Utiliza técnicas de monitoreo con y sin agente para recopilar datos de diversas fuentes y proporciona una vista unificada de la pila de aplicaciones a través de paneles y alertas.

Las herramientas de APM se pueden integrar con plataformas de AIOps para proporcionar conocimientos en tiempo real sobre el rendimiento de aplicaciones y la experiencia del usuario. Por ejemplo, si la plataforma de AIOps detecta un problema de rendimiento con una aplicación en particular, puede desencadenar automáticamente una herramienta de APM para recopilar datos adicionales, realizar análisis de causa raíz e iniciar una acción de remediación basada en los conocimientos.

2. Monitoreo de infraestructura y observabilidad

Las herramientas de monitoreo de infraestructura y observabilidad monitorean y gestionan el rendimiento, la disponibilidad y la utilización de la infraestructura de TI, como servidores, redes, almacenamiento y bases de datos. Proporcionan visibilidad en tiempo real sobre la salud y el rendimiento de los componentes de infraestructura, lo que permite la identificación y resolución proactiva de problemas antes de que impacten en las aplicaciones y los usuarios finales.

Algunas herramientas populares de monitoreo de infraestructura y observabilidad utilizadas en AIOps incluyen:

- **Nagios:** Nagios es una herramienta de monitoreo de infraestructura de código abierto que monitorea y alerta sobre servidores, dispositivos de red y aplicaciones. Utiliza técnicas de monitoreo con y sin agente para recopilar datos de diversas fuentes y proporciona una interfaz web para visualizar y gestionar los datos.
- **Zabbix:** Zabbix es una plataforma de monitoreo de infraestructura de código abierto que proporciona monitoreo y alertas en tiempo real para servidores, dispositivos de red y aplicaciones. Utiliza una arquitectura escalable y distribuida para recopilar y procesar grandes volúmenes de datos y proporciona una interfaz web para visualizar y gestionar los datos.
- **Datadog:** Datadog es una plataforma de monitoreo y análisis basada en la nube que proporciona conocimientos en tiempo real sobre el rendimiento de la infraestructura, la salud de las aplicaciones y la experiencia del usuario. Utiliza técnicas de monitoreo con y sin agente para recopilar datos de diversas fuentes y proporciona una vista unificada de la pila de infraestructura a

través de paneles y alertas.

Las herramientas de monitoreo de infraestructura y observabilidad se pueden integrar con plataformas de AIOps para proporcionar conocimientos en tiempo real sobre la salud y el rendimiento de la infraestructura. Por ejemplo, si la plataforma de AIOps detecta un problema de capacidad con un servidor en particular, puede desencadenar automáticamente una herramienta de monitoreo de infraestructura para recopilar datos adicionales, realizar una planificación de capacidad e iniciar una acción de aprovisionamiento basada en los conocimientos.

3. Gestión y análisis de registros

Las herramientas de gestión y análisis de registros recopilan, almacenan y analizan datos de registro de aplicaciones, infraestructura y dispositivos de seguridad. Proporcionan un repositorio centralizado para los datos de registro, lo que permite la búsqueda, el análisis y la visualización de eventos de registro para fines de solución de problemas, seguridad y cumplimiento.

Algunas herramientas populares de gestión y análisis de registros utilizadas en AIOps incluyen:

- **Splunk:** Splunk es una plataforma de datos que proporciona la recopilación, indexación y análisis en tiempo real de datos de registro de diversas fuentes. Utiliza algoritmos de aprendizaje automático para detectar patrones y anomalías en los datos de registro y proporciona una interfaz web para buscar, visualizar y

alertar sobre eventos de registro.
- **Elastic Stack (ELK):** Elastic Stack, también conocido como ELK, es una plataforma de gestión y análisis de registros de código abierto compuesta por Elasticsearch, Logstash y Kibana. Elasticsearch es un motor de búsqueda y análisis distribuido, Logstash es una tubería de procesamiento de datos y Kibana es una herramienta de visualización. Juntos, proporcionan una plataforma escalable y flexible para recopilar, procesar y analizar datos de registro.
- **Sumo Logic:** Sumo Logic es una plataforma de gestión y análisis de registros basada en la nube que proporciona conocimientos en tiempo real sobre el rendimiento de aplicaciones e infraestructura, seguridad y cumplimiento. Utiliza algoritmos de aprendizaje automático para detectar patrones y anomalías en los datos de registro y proporciona una interfaz web para buscar, visualizar y alertar sobre eventos de registro.

Las herramientas de gestión y análisis de registros se pueden integrar con plataformas de AIOps para proporcionar conocimientos en tiempo real sobre el comportamiento de aplicaciones e infraestructura. Por ejemplo, si la plataforma de AIOps detecta una amenaza de seguridad basada en datos de registro, puede desencadenar automáticamente una herramienta de gestión de registros para recopilar datos adicionales, realizar análisis forense e iniciar una respuesta de seguridad basada en los conocimientos.

4. Herramientas de inteligencia empresarial y paneles

Las herramientas de inteligencia empresarial (BI) y paneles visualizan y analizan datos de diversas fuentes, incluidas aplicaciones, infraestructura y sistemas empresariales. Proporcionan una vista unificada de los datos a través de paneles y reportes interactivos, lo que permite la toma de decisiones basada en datos y la optimización del rendimiento.

Algunas herramientas populares de BI y paneles utilizadas en AIOps incluyen:

- **Tableau:** Tableau es una plataforma de visualización y análisis de datos que proporciona paneles y reportes interactivos para explorar y analizar datos de diversas fuentes. Utiliza una interfaz de arrastrar y soltar para crear visualizaciones y proporciona capacidades avanzadas de análisis, como pronósticos y agrupaciones.
- **Grafana:** Grafana es una plataforma de monitoreo y visualización de datos de código abierto que proporciona paneles y alertas interactivos para métricas y registros. Es compatible con diversas fuentes de datos, como Prometheus, Elasticsearch e InfluxDB, y proporciona una arquitectura de plugins para extender sus capacidades.
- **Microsoft Power BI:** Power BI es un servicio de análisis empresarial basado en la nube que proporciona paneles y reportes interactivos para visualizar y analizar datos de diversas fuentes. Utiliza consultas en lenguaje natural y conocimientos impulsados por IA para permitir la exploración y el descubrimiento de datos e incluye características de colaboración y compartición para la toma de decisiones basada en datos.

Las herramientas de BI y paneles se pueden integrar con plataformas de AIOps para proporcionar una vista unificada del rendimiento de aplicaciones, infraestructura y negocios. Por ejemplo, si la plataforma de AIOps detecta un problema de rendimiento que impacta en los

III. ARQUITECTURA Y TECNOLOGÍAS DE AIOPS

resultados del negocio, puede poblar automáticamente un panel con métricas e insights relevantes, permitiendo a los equipos de TI y de negocio colaborar y tomar decisiones basadas en datos para resolver el problema y optimizar el rendimiento.

En resumen, las plataformas de monitoreo y visualización son componentes esenciales de una arquitectura de AIOps, proporcionando conocimientos en tiempo real sobre el rendimiento, la disponibilidad y la experiencia del usuario de aplicaciones e infraestructura. Al aprovechar herramientas como APM, monitoreo de infraestructura y observabilidad, gestión y análisis de registros, y BI y paneles, las plataformas de AIOps pueden habilitar la identificación y resolución proactiva de problemas, así como la toma de decisiones basada en datos y la optimización del rendimiento. Integrando estas herramientas con algoritmos de IA y aprendizaje automático, se puede mejorar aún más la automatización e inteligencia de las operaciones de TI, permitiendo a las organizaciones ofrecer servicios de alta calidad, confiables y receptivos a sus usuarios finales.

IV. Casos de Uso y Aplicaciones de AIOps

A. Detección de anomalías y análisis de causa raíz

La detección de anomalías y el análisis de causa raíz son dos de los casos de uso más críticos y ampliamente adoptados de AIOps. En los entornos de TI complejos y dinámicos de hoy, donde los sistemas generan grandes cantidades de datos cada segundo, identificar manualmente los problemas y sus causas es prácticamente imposible. AIOps aprovecha los algoritmos de aprendizaje automático para detectar anomalías y señalar las causas raíz de los problemas, lo que permite a los equipos de TI responder rápidamente y minimizar el impacto en los usuarios finales.

IV. CASOS DE USO Y APLICACIONES DE AIOPS

1. Identificación de patrones y valores atípicos en el comportamiento del sistema

El primer paso en la detección de anomalías es establecer una línea base del comportamiento normal del sistema. Las plataformas de AIOps monitorean continuamente diversas fuentes de datos, como registros, métricas y trazas, para aprender los patrones y tendencias típicos en el rendimiento del sistema, la utilización de recursos y la actividad del usuario. Al aplicar técnicas de análisis estadístico y aprendizaje automático, como la previsión de series temporales y el aprendizaje no supervisado, AIOps puede crear un modelo dinámico y adaptativo del comportamiento normal que tenga en cuenta las variaciones estacionales y las tendencias a largo plazo.

Una vez establecida la línea base, AIOps puede detectar automáticamente las anomalías o valores atípicos que se desvían significativamente de los patrones esperados. Por ejemplo, un aumento repentino en la utilización de la CPU o una caída drástica en el rendimiento de la red podría indicar un problema potencial que requiere atención. Las plataformas de AIOps pueden usar varios algoritmos de detección de anomalías, como:

- **Métodos estadísticos:** Estos métodos, como el puntaje z y la prueba de Grubbs, miden qué tan lejos está un punto de datos de la media o mediana de la distribución y marcan los puntos que superan un cierto umbral como anomalías.
- **Métodos de agrupamiento:** Estos métodos, como k-means y DBSCAN, agrupan puntos de datos similares y identifican los puntos que no pertenecen a ningún grupo como anomalías.
- **Métodos basados en densidad:** Estos métodos, como el factor de

aislamiento (LOF) y el bosque de aislamiento, miden la densidad de los puntos de datos en una región dada e identifican puntos con densidad significativamente menor que sus vecinos como anomalías.

La elección del algoritmo depende de las características específicas de los datos, como la presencia de estacionalidad, la sensibilidad al ruido y la complejidad computacional. Las plataformas de AIOps a menudo combinan múltiples algoritmos y métodos de conjunto para mejorar la precisión y la robustez de la detección de anomalías.

2. Correlación de eventos y métricas a través de múltiples fuentes de datos

Detectar anomalías es solo el primer paso para identificar la causa raíz de un problema. En entornos de TI modernos, donde las aplicaciones y la infraestructura están altamente distribuidas e interconectadas, un problema en un componente puede propagarse rápidamente y causar fallos en cascada en múltiples sistemas. Para diagnosticar el problema de manera efectiva, AIOps debe correlacionar eventos y métricas de diversas fuentes de datos e identificar los patrones y dependencias comunes.

Por ejemplo, considere un escenario donde una aplicación de comercio electrónico experimenta un aumento repentino en el tiempo de respuesta, lo que lleva a un aumento en las quejas de los clientes. La causa raíz podría ser diversos factores, como una desaceleración en la base de datos, congestión en la red, una fuga de memoria en el servidor de aplicaciones o un ataque DDoS. Para señalar la causa exacta, AIOps necesita analizar datos de múltiples fuentes, como:

- **Métricas de rendimiento de la aplicación:** Tiempo de respuesta, tasa de errores, rendimiento, etc.
- **Métricas de infraestructura:** Utilización de CPU, memoria, disco, red, etc.
- **Registros:** Registros de aplicaciones, registros de servidores, registros de bases de datos, registros de balanceadores de carga, etc.
- **Datos de red:** Capturas de paquetes, datos de flujo, datos de enrutamiento, etc.
- **Datos de seguridad:** Registros de *firewalls*, alertas de IDS/IPS, registros de autenticación, etc.

Las plataformas de AIOps utilizan varias técnicas para correlacionar datos de estas fuentes dispares, como:

- **Correlación basada en el tiempo:** Esta técnica alinea los datos según la marca de tiempo y busca patrones y anomalías que ocurren simultáneamente en diferentes fuentes. Por ejemplo, un aumento en la utilización de la CPU que coincide con una caída en el rendimiento de la red podría indicar un problema de contención de recursos.
- **Correlación basada en la topología:** Esta técnica mapea las dependencias entre componentes y servicios según la topología de la red y la arquitectura de la aplicación. Al comprender las relaciones entre los componentes, AIOps puede identificar la causa raíz de un problema y su impacto en otros sistemas. Por ejemplo, una falla en un enrutador central podría explicar los problemas de conectividad experimentados por múltiples aplicaciones.
- **Inferencia causal:** Esta técnica utiliza métodos estadísticos, como

redes bayesianas y gráficos causales, para inferir las relaciones causales entre eventos y métricas. Al analizar las probabilidades condicionales y el orden temporal de los eventos, AIOps puede identificar la causa raíz más probable de un problema y descartar correlaciones espurias. Por ejemplo, una fuga de memoria en el servidor de aplicaciones podría causar la desaceleración de la base de datos en lugar de al revés.

3. Automatización del proceso de diagnóstico y solución de problemas

Una vez identificada la causa raíz de un problema, el siguiente paso es diagnosticar el problema y determinar las acciones de remediación adecuadas. En las operaciones de TI tradicionales, este proceso es a menudo manual y consume mucho tiempo, requiriendo colaboración entre múltiples equipos y varias herramientas y *scripts*. AIOps tiene como objetivo automatizar y agilizar el proceso de diagnóstico y solución de problemas al aprovechar los conocimientos y las recomendaciones generados por los algoritmos de IA.

Por ejemplo, considere un escenario donde AIOps detecta una alta tasa de errores 5xx en una aplicación web y lo correlaciona con una implementación reciente de una nueva versión. Basado en los datos históricos y las políticas predefinidas, AIOps puede desencadenar automáticamente una serie de acciones de diagnóstico y remediación, como:

- Revertir la aplicación a la versión anterior.

- Escalar la infraestructura para manejar la carga aumentada.
- Reiniciar los servidores de aplicaciones para limpiar cualquier dato en caché o conexiones obsoletas.
- Ejecutar pruebas y verificaciones predefinidas para verificar la funcionalidad y el rendimiento de la aplicación.
- Abrir un *ticket* o alertar a los equipos relevantes con los detalles del problema y las acciones recomendadas.

Las plataformas de AIOps pueden usar varias técnicas para automatizar el proceso de diagnóstico y solución de problemas, como:

- **Manuales de operaciones y guías de acción:** Estos son conjuntos predefinidos de procedimientos y *scripts* que capturan las mejores prácticas y el conocimiento del dominio de los expertos en TI. Al codificar los manuales en formatos legibles por máquina, como YAML o JSON, AIOps puede ejecutar automáticamente las acciones apropiadas según condiciones y umbrales específicos.
- **Modelos de aprendizaje automático:** Estos se entrenan con los datos históricos de incidentes pasados y resoluciones para predecir las causas raíz más probables y las acciones de remediación más efectivas. Al aprender de los éxitos y fracasos de los esfuerzos anteriores de solución de problemas, AIOps puede mejorar continuamente la precisión y eficiencia del proceso de diagnóstico y remediación.
- **Procesamiento de lenguaje natural (NLP):** Esta técnica permite a AIOps entender e interpretar datos no estructurados, como registros, tickets y mensajes de chat, y extraer información relevante para el diagnóstico y solución de problemas. Por ejemplo, AIOps puede analizar automáticamente los mensajes de error y las trazas de pila de los registros de aplicaciones y compararlos con patrones y soluciones conocidos de la base de conocimientos.

En resumen, la detección de anomalías y el análisis de causa raíz son capacidades críticas de AIOps que permiten a los equipos de TI identificar y resolver problemas de manera proactiva antes de que impacten en los usuarios finales. Al aprovechar los algoritmos de aprendizaje automático y las técnicas de automatización, AIOps puede reducir significativamente el tiempo medio de detección (MTTD) y el tiempo medio de resolución (MTTR) de los incidentes, liberando a los expertos humanos para que se concentren en actividades más estratégicas y de valor agregado. A medida que la complejidad y la escala de los entornos de TI crecen, la detección de anomalías y el análisis de causa raíz se volverán esenciales para garantizar la fiabilidad, el rendimiento y la seguridad de los servicios digitales.

B. Monitoreo y optimización del rendimiento

El monitoreo y la optimización del rendimiento son aspectos críticos de las operaciones de TI que aseguran la disponibilidad, la fiabilidad y la capacidad de respuesta de las aplicaciones y los servicios. En el competitivo y centrado en el cliente panorama digital actual, incluso una ligera degradación en el rendimiento puede llevar a pérdidas significativas en los negocios y la fuga de clientes. AIOps aprovecha técnicas avanzadas de análisis y aprendizaje automático para identificar proactivamente problemas de rendimiento, diagnosticar sus causas raíz y recomendar o implementar automáticamente optimizaciones para prevenir la degradación del servicio y las interrupciones.

IV. CASOS DE USO Y APLICACIONES DE AIOPS

1. Análisis de la utilización de recursos y cuellos de botella

El primer paso en el monitoreo y la optimización del rendimiento es obtener visibilidad sobre la utilización de recursos y las métricas de rendimiento de la infraestructura de TI, incluidos servidores, redes, almacenamiento y bases de datos. Las plataformas de AIOps recopilan y analizan datos de varias herramientas y agentes de monitoreo, como:

- **Herramientas de monitoreo de infraestructura:** Estas herramientas, como Nagios, Zabbix y Datadog, recopilan métricas sobre la utilización de CPU, memoria, disco y red, así como registros y eventos del sistema.
- **Herramientas de monitoreo del rendimiento de aplicaciones (APM):** Estas herramientas, como AppDynamics, Dynatrace y New Relic, recopilan métricas sobre el tiempo de respuesta de la aplicación, el rendimiento, las tasas de error, las transacciones de usuario y las trazas y spans de los servicios distribuidos.
- **Herramientas de monitoreo del rendimiento de la red (NPM):** Estas herramientas, como SolarWinds, Cisco NetFlow y Wireshark, recopilan métricas sobre el tráfico de red, el ancho de banda, la latencia y la pérdida de paquetes, así como datos de flujo y capturas de paquetes.

Al agregar y correlacionar los datos de estas diversas fuentes, las plataformas de AIOps pueden crear una vista holística y en tiempo real del entorno de TI e identificar la utilización de recursos y los cuellos de botella en el rendimiento que afectan la experiencia del usuario final.

Por ejemplo, considere un escenario en el que una aplicación de comercio electrónico experimenta una desaceleración durante las horas pico, lo que resulta en carritos de compras abandonados y pérdida de ingresos. Al analizar las métricas de utilización de recursos, AIOps puede identificar que el servidor de la base de datos está funcionando cerca de su capacidad, con alta utilización de CPU y E/S de disco. Un análisis más detallado de los datos de APM revela que la desaceleración es causada por una consulta de base de datos específica que no está optimizada para el volumen de tráfico aumentado.

Las plataformas de AIOps utilizan varias técnicas para analizar la utilización de recursos e identificar cuellos de botella, como:

- **Detección de anomalías:** Esta técnica identifica las métricas que se desvían significativamente de la línea base normal, como un aumento repentino en la utilización de la CPU o una caída en el rendimiento de la red, y las marca como posibles problemas de rendimiento.
- **Análisis de correlación:** Esta técnica identifica las relaciones y dependencias entre métricas y eventos, como la correlación entre el tiempo de respuesta de la base de datos y el rendimiento de la aplicación, y ayuda a aislar la causa raíz del problema de rendimiento.
- **Planificación de capacidad:** Esta técnica predice los requisitos futuros de recursos basados en tendencias históricas y cargas de trabajo proyectadas, e identifica posibles cuellos de botella y brechas de capacidad que necesitan ser abordados proactivamente.

2. Identificación de problemas de rendimiento y su impacto en la experiencia del usuario

El primer paso en el monitoreo y la optimización del rendimiento es analizar la utilización de recursos e identificar cuellos de botella. Para priorizar los problemas y tomar medidas adecuadas, AIOps necesita comprender su impacto en la experiencia del usuario final y los resultados del negocio.

Por ejemplo, una consulta de base de datos lenta puede no ser un problema crítico si afecta solo a un pequeño porcentaje de usuarios o un servicio de baja prioridad. Sin embargo, si la misma consulta impacta una transacción comercial crítica, como el proceso de pago en una aplicación de comercio electrónico, se convierte en una prioridad para el equipo de TI resolverla.

Las plataformas de AIOps utilizan varias técnicas para identificar problemas de rendimiento y evaluar su impacto en la experiencia del usuario, como:

- **Monitoreo de la experiencia del usuario:** Esta técnica captura la experiencia del usuario de extremo a extremo, incluyendo el tiempo de respuesta, la disponibilidad y la calidad de la aplicación, tal como la perciben los usuarios. Utiliza monitoreo sintético, monitoreo de usuarios reales (RUM) y retroalimentación de usuarios para identificar los problemas de rendimiento que impactan directamente la satisfacción y el compromiso del usuario.
- **Análisis del impacto en el negocio:** Esta técnica cuantifica el impacto financiero y operativo de los problemas de rendimiento, como la pérdida de ingresos, la tasa de deserción de clientes y el

daño a la reputación de la marca. Ayuda a priorizar los problemas según su criticidad y alinear las métricas de rendimiento de TI con los indicadores clave de negocio.
- **Gestión de niveles de servicio:** Esta técnica define y rastrea los acuerdos de nivel de servicio (SLA) y los objetivos de nivel de servicio (SLO) para los indicadores clave de rendimiento, como la disponibilidad, el tiempo de respuesta y el rendimiento. Identifica los problemas que infringen los SLA y desencadena las acciones de escalación y remediación adecuadas.

3. Optimización de configuraciones y ajustes del sistema

Una vez identificados los problemas de rendimiento y su impacto, el siguiente paso es optimizar las configuraciones y ajustes del sistema para resolver los problemas y prevenir futuras ocurrencias. Las plataformas de AIOps utilizan técnicas de aprendizaje automático y automatización para recomendar o implementar automáticamente las configuraciones y ajustes óptimos para la infraestructura y aplicaciones de TI.

Por ejemplo, en el caso de una consulta de base de datos lenta, AIOps puede recomendar varias técnicas de optimización, como:

- **Optimización de consultas:** Esta técnica analiza el plan de ejecución de la consulta e identifica las operaciones ineficientes o redundantes, como escaneos completos de tablas o subconsultas anidadas. Luego, recomienda los índices apropiados, particiones o vistas materializadas para mejorar el rendimiento de la consulta.

- **Ajuste de la base de datos:** Esta técnica optimiza los parámetros de configuración de la base de datos, como el tamaño del *pool* de búfer, el tamaño del archivo de registro y el número máximo de conexiones, según las características de la carga de trabajo y la utilización de recursos.
- **Caché y descarga:** Esta técnica identifica datos accedidos con frecuencia y cargas de trabajo intensivas en lectura, y recomienda almacenar en caché los datos en memoria o descargar las lecturas a una réplica separada para reducir la carga en la base de datos principal.

Las plataformas de AIOps utilizan varias técnicas para optimizar las configuraciones y ajustes del sistema, como:

- **Aprendizaje por refuerzo:** Esta técnica aprende las configuraciones y ajustes óptimos a través de prueba y error, explorando continuamente el espacio de parámetros y recibiendo retroalimentación sobre mejoras o degradaciones del rendimiento. Puede ajustar automáticamente las configuraciones en tiempo real según cargas de trabajo cambiantes y utilización de recursos.
- **Detección de anomalías:** Esta técnica identifica configuraciones y ajustes que se desvían significativamente de las mejores prácticas o líneas base históricas y recomienda los cambios apropiados para llevarlos de vuelta al estado óptimo.
- **Evaluación comparativa del rendimiento:** Esta técnica compara las métricas de rendimiento de la infraestructura y aplicaciones de TI con estándares de la industria o grupos de pares, e identifica áreas de mejora y mejores prácticas.

En resumen, el monitoreo y la optimización del rendimiento son capacidades críticas de AIOps que permiten a los equipos de TI identificar y resolver problemas de rendimiento de manera proactiva antes de que impacten a los usuarios finales y al negocio. Al aprovechar técnicas avanzadas de análisis y aprendizaje automático, AIOps puede mejorar significativamente la eficiencia y efectividad de la gestión del rendimiento, al tiempo que reduce el esfuerzo manual y el riesgo de errores humanos.

A medida que la complejidad y escala de los entornos de TI continúan creciendo, el monitoreo y la optimización del rendimiento se volverán cada vez más esenciales para garantizar la calidad y competitividad de los servicios digitales. AIOps, con su capacidad de procesar grandes volúmenes de datos, identificar patrones y anomalías y recomendar o automatizar optimizaciones, desempeñará un papel clave en permitir a los equipos de TI ofrecer el mejor rendimiento y experiencia del usuario posibles.

C. Gestión y resolución de incidentes

La gestión y resolución de incidentes son procesos críticos en las operaciones de TI que tienen como objetivo minimizar el impacto de los incidentes en el negocio y restaurar las operaciones normales del servicio lo más rápido posible. Un incidente es cualquier evento que interrumpe o degrada la calidad de un servicio de TI, como una caída del sistema, una violación de seguridad o un problema de rendimiento. Una gestión eficaz de incidentes requiere una combinación de personas, procesos y tecnología para detectar, diagnosticar y resolver incidentes de manera rápida y eficiente.

Las plataformas de AIOps aprovechan técnicas de aprendizaje automático y automatización para agilizar y acelerar el proceso de gestión y resolución de incidentes, desde la detección y priorización inicial de los incidentes hasta la resolución y cierre final.

1. Priorización y categorización de incidentes según la gravedad y el impacto

El primer paso en la gestión de incidentes es priorizar y categorizar los incidentes según su gravedad e impacto en el negocio. No todos los incidentes son iguales, y los equipos de TI deben enfocarse en los más críticos y urgentes que tienen el mayor potencial de daño.

Tradicionalmente, el personal de TI prioriza y categoriza los incidentes manualmente, basándose en su experiencia y juicio. Sin embargo, este enfoque es lento, propenso a errores y subjetivo, especialmente en entornos de TI grandes y complejos con un alto volumen de incidentes.

Las plataformas de AIOps utilizan algoritmos de aprendizaje automático para priorizar y categorizar automáticamente los incidentes basándose en varios factores, como:

- **Gravedad:** El grado de impacto en el servicio de TI, como crítico, alto, medio o bajo. La gravedad se determina según los umbrales predefinidos y la desviación de la línea base normal.
- **Urgencia:** La sensibilidad temporal del incidente, es decir, cuán rápidamente debe resolverse para evitar daños adicionales. La urgencia se determina según los SLA, las prioridades del negocio y las dependencias entre los servicios.
- **Impacto:** El alcance y la escala del incidente, es decir, cuántos

usuarios, sistemas o servicios están afectados. El impacto se determina según la topología, las relaciones entre los componentes y los datos históricos sobre incidentes similares.
- **Prioridad:** La importancia general del incidente, basada en la combinación de gravedad, urgencia e impacto. La prioridad se utiliza para determinar los niveles apropiados de respuesta y escalamiento, así como la asignación de recursos y atención.

Las plataformas de AIOps utilizan varias técnicas para priorizar y categorizar los incidentes, como:

- **Aprendizaje supervisado:** Esta técnica entrena un modelo de aprendizaje automático en un conjunto de datos etiquetado de incidentes pasados, donde cada incidente está asignado a una prioridad y categoría según sus atributos y resultados. El modelo aprende los patrones y las reglas que mapean los atributos del incidente a la prioridad y categoría, y puede predecir la prioridad y categoría de nuevos incidentes basándose en su similitud con los pasados.
- **Aprendizaje no supervisado:** Esta técnica agrupa los incidentes según su similitud y proximidad en el espacio de características, sin necesidad de datos etiquetados. Los grupos representan las agrupaciones y patrones naturales de los incidentes, y pueden usarse para identificar las características comunes y las causas raíz de cada grupo.
- **Procesamiento de lenguaje natural (NLP):** Esta técnica analiza datos de texto no estructurados, como descripciones de incidentes, mensajes de registro y comentarios de usuarios, para extraer las palabras clave, entidades y sentimientos relevantes que indican la gravedad y el impacto del incidente. NLP también puede usarse para clasificar incidentes en categorías predefinidas, como

hardware, software, red o seguridad, basándose en la similitud semántica de los datos de texto.

2. Automatización del proceso de respuesta y escalamiento de incidentes

Una vez priorizados y categorizados los incidentes, el siguiente paso es iniciar las acciones de respuesta y escalamiento adecuadas para resolver los incidentes y restaurar las operaciones normales del servicio. El proceso de respuesta y escalamiento de incidentes típicamente involucra varios pasos y partes interesadas, como:

- **Notificación:** Esto implica alertar al personal de TI y a las partes interesadas relevantes sobre el incidente según su prioridad y categoría. Dependiendo de la urgencia y las preferencias del destinatario, la notificación puede enviarse a través de varios canales, como correo electrónico, SMS, chat o teléfono.
- **Diagnóstico:** Investigar la causa raíz y el alcance del incidente utilizando los datos y herramientas disponibles, como los paneles de monitoreo, los analizadores de registros y los scripts de solución de problemas. Dependiendo de la complejidad y las dependencias del incidente, el diagnóstico puede requerir colaboración y comunicación entre diferentes equipos y expertos de TI.
- **Resolución:** Implementar las soluciones y medidas adecuadas para resolver el incidente y restaurar las operaciones normales del servicio. Dependiendo de la naturaleza y causa del incidente, la resolución puede involucrar varias acciones, como reiniciar los servidores, revertir los cambios, parchear las vulnerabilidades o

escalar los recursos.
- **Validación:** Verificar que el incidente esté resuelto y que el servicio esté restaurado a su operación normal monitoreando los indicadores clave de rendimiento y los comentarios de los usuarios. La validación también puede implicar probar y documentar los pasos de resolución para asegurar que el incidente pueda prevenirse o resolverse rápidamente en el futuro.
- **Cierre:** Documentar los detalles del incidente, los pasos de resolución y las lecciones aprendidas, y actualizar la base de conocimientos y el manual de operaciones para referencia futura. El cierre también puede implicar notificar a las partes interesadas sobre la resolución y realizar un análisis post-mortem para identificar las áreas de mejora en el proceso de gestión de incidentes.

Las plataformas de AIOps utilizan varias técnicas para automatizar y orquestar el proceso de respuesta y escalamiento de incidentes, como:

- **Automatización de manuales de operaciones:** Esta técnica codifica los procedimientos operativos estándar y las mejores prácticas para la respuesta a incidentes en manuales legibles por máquina, que pueden ser ejecutados automáticamente por la plataforma de AIOps según el tipo y contexto del incidente. Los manuales definen la secuencia de acciones, condiciones y excepciones para cada paso del proceso de respuesta a incidentes y pueden ser fácilmente personalizados y actualizados por el personal de TI.
- **Automatización de flujos de trabajo:** Esta técnica modela el proceso de respuesta a incidentes como un flujo de trabajo, con tareas, dependencias y decisiones, y automatiza la ejecución y coordinación del flujo de trabajo a través de diferentes sistemas y equipos. El flujo de trabajo puede ser desencadenado por alertas

de incidentes e integrarse con varias herramientas de gestión de servicios de TI (ITSM) y DevOps, como ServiceNow, Jira y Jenkins, para automatizar los procesos de ticketing, gestión de cambios y despliegue.
- **Chatbots y asistentes virtuales:** Esta técnica utiliza IA conversacional y procesamiento de lenguaje natural (NLP) para proporcionar una interfaz de lenguaje natural para que el personal de TI y los usuarios interactúen con la plataforma de AIOps y el proceso de gestión de incidentes. Los *chatbots* pueden entender la intención del usuario y el contexto y proporcionar información, sugerencias y acciones relevantes para el diagnóstico y la resolución de incidentes. Los *chatbots* también pueden aprender de los comentarios de los usuarios y los datos históricos y mejorar su precisión y eficiencia con el tiempo.

3. Aprovechamiento de bases de conocimientos y chatbots para una resolución más rápida

Uno de los principales desafíos en la gestión de incidentes es la falta de conocimiento y experiencia entre el personal de TI, especialmente para incidentes complejos y raros. El personal de TI puede no tener las habilidades o experiencia necesarias para diagnosticar y resolver incidentes rápidamente, lo que lleva a tiempos de resolución más largos y costos más altos.

Las plataformas de AIOps aprovechan las bases de conocimientos y los chatbots para capturar y compartir el conocimiento y la experiencia colectivos del personal de TI y proporcionar acceso instantáneo a información y orientación relevantes para la resolución de incidentes.

Una base de conocimientos es un repositorio centralizado de información y mejores prácticas para la gestión de incidentes, como:

- **Tipos y categorías de incidentes:** Los tipos y categorías comunes de incidentes, sus síntomas, causas e impactos, y las acciones recomendadas para cada tipo y categoría.
- **Procedimientos y scripts de resolución:** Los procedimientos paso a paso y los *scripts* de automatización para diagnosticar y resolver diferentes incidentes, basados en datos históricos y conocimiento experto.
- **Guías de solución de problemas y preguntas frecuentes:** Las preguntas e problemas comunes enfrentados por el personal de TI y los usuarios durante la gestión de incidentes, así como las respuestas y soluciones proporcionadas por los expertos y la comunidad.

El personal de TI y la plataforma de AIOps actualizan y enriquecen continuamente la base de conocimientos basándose en nuevos incidentes, comentarios y lecciones aprendidas. La plataforma de AIOps utiliza técnicas de aprendizaje automático, como NLP y minería de textos, para extraer y organizar automáticamente la información relevante de los datos de incidentes y comentarios de usuarios y hacerla fácilmente buscable y accesible.

Los *chatbots* y asistentes virtuales proporcionan una interfaz conversacional para que el personal de TI y los usuarios accedan e interactúen con la base de conocimientos y obtengan respuestas y orientación instantáneas para la resolución de incidentes. Los *chatbots* utilizan técnicas de NLP y aprendizaje automático para entender las consultas

IV. CASOS DE USO Y APLICACIONES DE AIOPS

y el contexto del usuario y proporcionar las respuestas más relevantes y precisas de la base de conocimientos.

Por ejemplo, si un usuario informa un incidente de tiempo de respuesta lento en una aplicación, el *chatbot* puede hacer preguntas aclaratorias para recopilar más información sobre los síntomas y el contexto, como:

- ¿Qué aplicación está utilizando?
- ¿Cuándo comenzó a experimentar el tiempo de respuesta lento?
- ¿Está accediendo a la aplicación desde la oficina o de forma remota?
- ¿Ha intentado actualizar la página o reiniciar la aplicación?

Basándose en las respuestas del usuario, el *chatbot* puede buscar en la base de conocimientos las guías de solución de problemas y procedimientos de resolución relevantes y proporcionar una guía paso a paso al usuario para resolver el incidente. El *chatbot* también puede escalar el incidente al personal de TI adecuado si el usuario no puede resolverlo y proporcionar el contexto y la información relevante al personal de TI para un diagnóstico y resolución más rápidos.

Los *chatbots* también pueden aprender de las interacciones de los usuarios y los datos de incidentes y mejorar su precisión y eficiencia con el tiempo. Por ejemplo, si el *chatbot* observa que un procedimiento de resolución específico es frecuentemente utilizado y exitoso para un tipo específico de incidente, puede sugerir ese procedimiento de manera más prominente a los usuarios y al personal de TI e incluso automatizar la ejecución del procedimiento en el futuro.

En resumen, la gestión y resolución de incidentes son procesos críticos en las operaciones de TI que aseguran la disponibilidad, confiabilidad y rendimiento de los servicios de TI. Las plataformas de AIOps aprovechan técnicas de aprendizaje automático y automatización para agilizar y acelerar el proceso de gestión de incidentes, desde la detección y priorización inicial de los incidentes hasta la resolución y cierre final.

Al automatizar el proceso de respuesta y escalamiento de incidentes y aprovechar las bases de conocimientos y los chatbots para una resolución más rápida, las plataformas de AIOps pueden reducir significativamente el tiempo medio de resolución (MTTR) de los incidentes y minimizar su impacto en el negocio y los usuarios. A medida que la complejidad y escala de los entornos de TI continúan creciendo, AIOps será esencial para una gestión y resolución de incidentes efectivas.

D. Planificación de capacidad y asignación de recursos

La planificación de capacidad y la asignación de recursos son procesos críticos en las operaciones de TI que aseguran la utilización y el rendimiento óptimos de la infraestructura y los servicios de TI. La planificación de capacidad implica predecir los requisitos futuros de recursos basados en datos históricos y proyecciones comerciales y asegurar que la infraestructura de TI tenga suficiente capacidad para satisfacer la demanda esperada. La asignación de recursos implica optimizar la distribución y utilización de los recursos disponibles, como computación, almacenamiento y red, entre diferentes aplicaciones y servicios según su prioridad, rendimiento y costo.

Tradicionalmente, el personal de TI realiza la planificación de capacidad y la asignación de recursos manualmente, basándose en su experiencia, intuición y modelos estadísticos simples. Sin embargo, este enfoque es lento, propenso a errores y reactivo, especialmente en entornos de TI grandes y dinámicos con cambios frecuentes y cargas de trabajo impredecibles.

Las plataformas de AIOps aprovechan técnicas de aprendizaje automático y automatización para agilizar y optimizar los procesos de planificación de capacidad y asignación de recursos, desde la predicción y modelado inicial de los requisitos de recursos hasta la provisión y escalamiento final de la infraestructura.

1. Pronóstico de requisitos futuros de recursos basados en datos históricos

El primer paso en la planificación de capacidad es predecir los requisitos futuros de recursos basados en datos históricos y proyecciones comerciales. Los datos históricos incluyen tendencias y patrones pasados de utilización de recursos, como CPU, memoria, almacenamiento y red, así como métricas de rendimiento, como tiempo de respuesta, rendimiento y tasa de error. Las proyecciones comerciales incluyen el crecimiento y los cambios esperados en la demanda de usuarios, nuevas aplicaciones y servicios e iniciativas estratégicas.

Las plataformas de AIOps utilizan algoritmos de aprendizaje automático, como pronóstico de series temporales y regresión, para analizar automáticamente los datos históricos y generar pronósticos precisos y confiables de los requisitos futuros de recursos. Los algoritmos de aprendizaje automático pueden aprender los patrones y las relaciones complejas en los datos, como la estacionalidad, la tendencia y la irregularidad, y adaptarse a las condiciones y incertidumbres cambiantes.

Por ejemplo, una plataforma de AIOps puede utilizar un modelo de aprendizaje profundo, como una red de memoria a largo y corto plazo (LSTM), para predecir la utilización de CPU de una aplicación web para los próximos 30 días, basándose en los datos de los últimos 12 meses. La red LSTM puede capturar las dependencias a largo plazo y las fluctuaciones a corto plazo en los datos y generar pronósticos probabilísticos con intervalos de confianza, como:

- Basándose en el patrón de tráfico normal y la tendencia actual, se espera que la utilización de CPU sea del 60% ± 5% para los próximos siete días.
- Se espera que la utilización de CPU sea del 80% ± 10% para los próximos 14 días, basándose en el aumento anticipado del tráfico debido a una campaña de marketing.
- Basándose en la tendencia general de crecimiento y las variaciones estacionales, se espera que la utilización de CPU sea del 70% ± 8% para los próximos 30 días.

La plataforma de AIOps también puede generar diferentes escenarios y simulaciones basadas en las proyecciones comerciales y el análisis de qué pasaría si, como:

- ¿Cuál será el impacto en la utilización de CPU si el tráfico de usuarios aumenta en un 20% debido al lanzamiento de una nueva función?
- ¿Cuál será el impacto en la utilización de CPU si la aplicación se migra de local a la nube?
- ¿Cuál será el impacto en la utilización de CPU si la aplicación se

re-arquitecta de monolítica a microservicios?

La planificación de escenarios y la simulación pueden ayudar al personal de TI a identificar proactivamente las posibles brechas de capacidad y riesgos y planificar las acciones de mitigación y optimización adecuadas.

2. Optimización de la asignación y utilización de recursos

Una vez pronosticados los requisitos futuros de recursos, el siguiente paso es optimizar la asignación y utilización de los recursos disponibles entre diferentes aplicaciones y servicios. El problema de asignación de recursos es un problema de optimización complejo y dinámico que involucra múltiples objetivos y restricciones, como:

- Maximizar el rendimiento y la disponibilidad de aplicaciones y servicios críticos.
- Minimizar el costo y el desperdicio de los recursos infrautilizados o sobreaprovisionados.
- Asegurar el cumplimiento y la seguridad de los datos y las cargas de trabajo.
- Equilibrar la carga de trabajo y la capacidad entre diferentes regiones, zonas y clústeres.

Las plataformas de AIOps utilizan algoritmos de aprendizaje automático, como aprendizaje por refuerzo y algoritmos genéticos, para optimizar automáticamente la asignación y utilización de recursos basados en los requisitos pronosticados y la retroalimentación en tiempo real. Los algoritmos de aprendizaje automático pueden aprender las políticas y estrategias óptimas para la asignación de recursos y adaptarse a las condiciones y objetivos cambiantes.

Por ejemplo, una plataforma de AIOps puede utilizar un modelo de aprendizaje por refuerzo, como una red Q profunda (DQN), para optimizar la asignación de máquinas virtuales (VM) entre diferentes servidores host en un centro de datos. El DQN puede aprender la política óptima para la colocación y migración de VM basándose en los datos en tiempo real de la utilización del *host*, el rendimiento de la VM, la latencia de la red y las señales de retroalimentación de recompensas y penalizaciones. Las recompensas pueden basarse en el cumplimiento de SLA, ahorro de costos y eficiencia energética, mientras que las penalizaciones pueden basarse en infracciones de SLA, contención de recursos y riesgos de seguridad.

La plataforma de AIOps también puede utilizar un algoritmo de optimización multiobjetivo, como un algoritmo genético de clasificación no dominada (NSGA-II), para generar un conjunto de soluciones de Pareto óptimas para el problema de asignación de recursos basadas en los *trade-offs* y las preferencias del personal de TI. Las soluciones de Pareto óptimas son las soluciones que no pueden mejorarse en un objetivo sin degradar otro objetivo y representan los mejores compromisos y alternativas para la asignación de recursos. El personal de TI puede seleccionar la solución preferida basada en sus prioridades y restricciones comerciales, y la plataforma de AIOps puede implementar y monitorear la solución automáticamente.

3. Automatización de la provisión y escalamiento de infraestructura

El paso final en la planificación de capacidad y la asignación de recursos es automatizar la provisión y escalamiento de la infraestructura basada en la asignación optimizada y la demanda en tiempo real. La provisión y escalamiento de infraestructura implican la creación, configuración y gestión de los recursos físicos y virtuales, como servidores, almacenamiento, redes y contenedores, en diferentes entornos y plataformas, como local, nube y edge.

Las plataformas de AIOps utilizan infraestructura como código (IaC) y técnicas de DevOps para provisionar y escalar automáticamente la infraestructura basada en plantillas, políticas y flujos de trabajo predefinidos. Las plantillas de IaC definen el estado deseado y la configuración de la infraestructura utilizando lenguajes declarativos, como YAML, JSON y HCL. Las políticas definen las reglas y restricciones para la provisión y escalamiento, como el número mínimo y máximo de instancias, los umbrales de escalamiento y las estrategias de colocación. Los flujos de trabajo definen la orquestación y automatización de las tareas de provisión y escalamiento utilizando herramientas como Terraform, Ansible y Kubernetes.

Por ejemplo, una plataforma de AIOps puede utilizar Terraform para provisionar y escalar automáticamente la infraestructura para una aplicación de microservicios en AWS basada en la asignación optimizada y la demanda en tiempo real. Las plantillas de Terraform pueden definir el estado deseado de la infraestructura, como el número y tipo de instancias de EC2, el tamaño y tipo de volúmenes de EBS, el VPC y las subredes, y los grupos de seguridad y roles de IAM. Las políticas de

Terraform pueden definir las reglas para la provisión y escalamiento, como el número mínimo y máximo de instancias para cada microservicio, los umbrales de CPU y memoria para el autoescalamiento y las estrategias de colocación para la alta disponibilidad y recuperación ante desastres. Los flujos de trabajo de Terraform pueden automatizar las tareas de provisión y escalamiento, como la creación y terminación de instancias, la conexión y desconexión de volúmenes, la configuración y despliegue de microservicios y el monitoreo y registro de la aplicación.

La plataforma de AIOps también puede utilizar Kubernetes para provisionar y escalar automáticamente la infraestructura para una aplicación contenedorizada en una nube híbrida basada en la asignación optimizada y la demanda en tiempo real. Kubernetes puede definir el estado deseado de la infraestructura, como el número y tipo de *pods*, el tamaño y tipo de volúmenes persistentes, los servicios y los *ingresses*, y los *config maps* y los secretos. Las políticas de Kubernetes pueden definir las reglas para la provisión y escalamiento, como el número mínimo y máximo de réplicas para cada *pod*, las solicitudes y límites de CPU y memoria, los selectores de nodos y las reglas de afinidad, y las estrategias de despliegue y *rollback*. Los operadores de Kubernetes pueden automatizar las tareas de provisión y escalamiento, como la creación y eliminación de *pods*, el montaje y desmontaje de volúmenes, las actualizaciones y los *rollbacks* de despliegues, y las comprobaciones de salud y la autocuración de la aplicación.

La plataforma de AIOps puede monitorear en tiempo real la infraestructura provisionada y las aplicaciones en ejecución y recopilar los datos de rendimiento y utilización para la retroalimentación del bucle de optimización y automatización. La plataforma de AIOps también puede integrarse con las herramientas de gestión de servicios de TI (ITSM) y gestión de operaciones de TI (ITOM), como ServiceNow y Splunk, para proporcionar visibilidad y control de extremo a extremo del entorno de TI, desde la infraestructura hasta las aplicaciones y los servicios comerciales.

En resumen, la planificación de capacidad y la asignación de recursos son procesos críticos en las operaciones de TI que aseguran la utilización y el rendimiento óptimos de la infraestructura y los servicios de TI. Las plataformas de AIOps aprovechan técnicas de aprendizaje automático y automatización para agilizar y optimizar estos procesos, desde la predicción y modelado inicial de los requisitos de recursos hasta la provisión y escalamiento final de la infraestructura.

Al automatizar los procesos de planificación de capacidad y asignación de recursos, las plataformas de AIOps pueden reducir significativamente el esfuerzo manual y los errores humanos y mejorar la precisión y agilidad de las operaciones de TI. A medida que la complejidad y escala de los entornos de TI continúan creciendo, AIOps será esencial para una planificación de capacidad y asignación de recursos efectivas.

E. Aplicaciones específicas de la industria

Las plataformas y técnicas de AIOps tienen una amplia aplicabilidad en diversas industrias, ya que abordan desafíos comunes en las operaciones de TI, como la complejidad, la escalabilidad y la agilidad. Sin embargo, cada sector tiene características, requisitos y desafíos únicos que requieren soluciones y casos de uso de AIOps especializados. En esta sección, exploraremos algunas de las aplicaciones específicas de la industria de AIOps en servicios financieros, atención médica, telecomunicaciones, retail y comercio electrónico.

1. Servicios financieros

La industria de servicios financieros está altamente regulada, es intensiva en datos y propensa al fraude y las amenazas cibernéticas. Las instituciones financieras, como bancos, compañías de seguros y firmas de inversión, dependen de sistemas y aplicaciones de TI complejos para procesar y asegurar grandes volúmenes de datos y transacciones financieras sensibles. AIOps puede ayudar a las instituciones financieras a mejorar el rendimiento, la fiabilidad y la seguridad de sus operaciones de TI, así como a detectar y prevenir fraudes y riesgos en tiempo real.

Algunos de los casos de uso clave de AIOps en servicios financieros incluyen:

- **Detección de fraude:** Las plataformas de AIOps pueden utilizar algoritmos de aprendizaje automático, como detección de anomalías y reconocimiento de patrones, para identificar actividades y transacciones sospechosas en tiempo real, basándose en datos históricos y patrones de comportamiento de clientes y cuentas. Por ejemplo, una plataforma de AIOps puede detectar un aumento repentino en el número de transacciones de alto valor desde una nueva dirección IP o dispositivo y marcarlo como posible fraude para una investigación adicional.
- **Gestión de riesgos:** Las plataformas de AIOps pueden utilizar análisis predictivo y técnicas de simulación para evaluar y mitigar riesgos financieros y operativos, como riesgo de crédito, riesgo de mercado y riesgo de liquidez, basándose en fuentes de datos internas y externas y modelos y escenarios de riesgo. Por ejemplo, una plataforma de AIOps puede predecir la probabilidad de

incumplimiento y la pérdida dada el incumplimiento de una cartera de préstamos, basándose en el historial crediticio y la situación financiera de los prestatarios y en las condiciones económicas y del mercado.
- **Monitoreo de cumplimiento:** Las plataformas de AIOps pueden utilizar técnicas de procesamiento de lenguaje natural (NLP) y minería de texto para monitorear y analizar datos no estructurados, como correos electrónicos, registros de chat y documentos, en busca de cumplimiento con requisitos regulatorios y políticas internas, como anti-lavado de dinero (AML), conoce a tu cliente (KYC) y privacidad de datos. Por ejemplo, una plataforma de AIOps puede detectar ciertas palabras clave o frases en las comunicaciones de los empleados que puedan indicar una posible violación de las reglas de uso de información privilegiada y alertar al equipo de cumplimiento para una investigación adicional.

2. Atención médica

La industria de atención médica es compleja, rica en datos y altamente regulada, con requisitos estrictos para la seguridad del paciente, la privacidad de los datos y la interoperabilidad. Las organizaciones de atención médica, como hospitales, clínicas y proveedores de seguros, dependen de una amplia gama de sistemas y dispositivos de TI para recopilar, almacenar y analizar datos de pacientes, desde registros médicos electrónicos (EHR) hasta *wearables* e imágenes médicas. AIOps puede ayudar a las organizaciones de atención médica a mejorar la calidad, eficiencia y personalización de la atención al paciente y a apoyar la toma de decisiones clínicas y la investigación.

Algunos de los casos de uso clave de AIOps en atención médica incluyen:

- **Monitoreo de pacientes:** Las plataformas de AIOps pueden utilizar técnicas de análisis de transmisión y computación en el borde para monitorear y analizar continuamente los signos vitales y el estado de salud de los pacientes, desde camas de hospital hasta entornos domésticos, utilizando datos de dispositivos y sensores médicos. Por ejemplo, una plataforma de AIOps puede detectar signos tempranos de sepsis o paro cardíaco en un paciente hospitalizado, basándose en datos en tiempo real de frecuencia cardíaca, presión arterial y temperatura corporal, y alertar al personal médico para una intervención rápida.
- **Soporte de decisiones clínicas:** Las plataformas de AIOps pueden utilizar técnicas de aprendizaje automático y aprendizaje profundo para ayudar a los médicos en el diagnóstico, tratamiento y pronóstico de pacientes, basándose en datos históricos y en tiempo real de EHR, literatura médica y guías clínicas. Por ejemplo, una plataforma de AIOps puede recomendar el plan de tratamiento óptimo para un paciente con cáncer, basándose en el perfil genómico personalizado, las características del tumor y las guías basadas en evidencia, y monitorear la respuesta del paciente y ajustar el plan en consecuencia.
- **Gestión remota de pacientes:** Las plataformas de AIOps pueden utilizar técnicas de telemedicina y monitoreo remoto para permitir la gestión continua y proactiva de pacientes crónicos y post-agudos, desde el hospital hasta entornos domésticos, utilizando datos de *wearables*, dispositivos inteligentes y resultados reportados por los pacientes. Por ejemplo, una plataforma de AIOps puede predecir el riesgo de readmisión de un paciente con insuficiencia cardíaca, basándose en datos diarios de peso, presión arterial y adherencia a medicamentos de dispositivos de monitoreo en el

hogar, y proporcionar coaching e intervenciones personalizadas para prevenir la readmisión.

3. Telecomunicaciones

La industria de las telecomunicaciones es dinámica, intensiva en tecnología y centrada en el cliente, con demandas crecientes de conectividad y servicios confiables, de alta velocidad y baja latencia. Las empresas de telecomunicaciones, como operadores móviles, proveedores de servicios de Internet y compañías de cable, dependen de infraestructuras de TI y redes complejas y distribuidas para ofrecer y gestionar servicios de voz, datos y video a los clientes. AIOps puede ayudar a las empresas de telecomunicaciones a optimizar el rendimiento, la capacidad y la fiabilidad de sus redes y servicios y a mejorar la experiencia y la lealtad del cliente.

Algunos de los casos de uso clave de AIOps en telecomunicaciones incluyen:

- **Optimización de redes:** Las plataformas de AIOps pueden utilizar técnicas de aprendizaje automático y optimización para monitorear y optimizar continuamente el rendimiento, la capacidad y la fiabilidad de las redes de telecomunicaciones, desde el núcleo hasta el borde, basándose en datos en tiempo real de los elementos de la red, los sensores y las sondas. Por ejemplo, una plataforma de AIOps puede predecir la congestión de la red y la degradación del servicio en una región o celda específica, basándose en los patrones de tráfico, el comportamiento del usuario y la topología de la red, y asignar dinámicamente los recursos y las rutas para mitigar la congestión y asegurar la calidad del servicio.

- **Gestión de la experiencia del cliente:** Las plataformas de AIOps pueden utilizar técnicas de procesamiento de lenguaje natural y análisis de sentimiento para monitorear y analizar las interacciones y comentarios de los clientes, desde los registros del centro de llamadas hasta las publicaciones en redes sociales, e identificar los puntos de dolor, preferencias y expectativas de los clientes. Por ejemplo, una plataforma de AIOps puede detectar los problemas y quejas comunes de los clientes, como velocidad de Internet lenta, llamadas caídas o errores de facturación, y proporcionar recomendaciones y resoluciones personalizadas a los clientes, basándose en su perfil, historial y contexto.

- **Mantenimiento predictivo:** Las plataformas de AIOps pueden utilizar técnicas de análisis predictivo y detección de anomalías para predecir y prevenir fallos y caídas de equipos y dispositivos de red, basándose en datos históricos y en tiempo real de sensores, registros y alertas. Por ejemplo, una plataforma de AIOps puede predecir la vida útil restante de una estación base o un enrutador, basándose en patrones de uso, factores ambientales y historial de mantenimiento, y programar el mantenimiento o la sustitución proactiva antes de que ocurra un fallo, para minimizar la interrupción del servicio y el impacto en el cliente.

4. Retail y comercio electrónico

La industria de *retail* y comercio electrónico es dinámica, competitiva y basada en datos, con crecientes expectativas de experiencias de compra personalizadas, convenientes y sin interrupciones en los canales. Las empresas de *retail* y comercio electrónico, como grandes almacenes, mercados en línea y marcas directas al consumidor, dependen de sistemas y aplicaciones de TI complejos e interconectados para gestionar los productos, el inventario, los pedidos, los pagos y las relaciones con los clientes. AIOps puede ayudar a las empresas de *retail* y comercio electrónico a optimizar la eficiencia, agilidad y rentabilidad de sus operaciones y a mejorar el compromiso y la lealtad del cliente.

Algunos de los casos de uso clave de AIOps en *retail* y comercio electrónico incluyen:

- **Personalización:** Las plataformas de AIOps pueden utilizar técnicas de aprendizaje automático y recomendación para personalizar las ofertas de productos, promociones y experiencias para cada cliente, basándose en datos históricos y en tiempo real de interacciones, transacciones y comportamientos de los clientes en los canales. Por ejemplo, una plataforma de AIOps puede recomendar la mejor oferta o acción para un cliente, como un cupón de descuento, un paquete de productos o una recompensa de lealtad, basándose en el perfil, las preferencias, el contexto y las reglas y objetivos comerciales del cliente.
- **Optimización de la cadena de suministro:** Las plataformas de AIOps pueden utilizar técnicas de análisis predictivo y simulación para optimizar las operaciones de la cadena de suministro de extremo a extremo, desde la previsión de la demanda hasta la gestión del inventario y la logística y el cumplimiento, basándose en datos en tiempo real de sensores, dispositivos IoT y sistemas ERP y CRM. Por ejemplo, una plataforma de AIOps puede predecir los niveles óptimos de inventario y los horarios de reabastecimiento para cada producto y ubicación, basándose en datos históricos de ventas,

señales de demanda en tiempo real y restricciones y riesgos de la cadena de suministro, y ajustar automáticamente los pedidos y las asignaciones para minimizar las roturas de stock y los excesos de inventario.

- **Detección de fraudes:** Las plataformas de AIOps pueden utilizar técnicas de detección de anomalías y reconocimiento de patrones para identificar y prevenir actividades fraudulentas y amenazas cibernéticas, como reseñas falsas, toma de cuentas, fraudes de pago y violaciones de datos, basándose en datos en tiempo real de interacciones de usuarios, transacciones y registros y eventos de seguridad. Por ejemplo, una plataforma de AIOps puede detectar patrones y comportamientos sospechosos de una cuenta de usuario, como el cambio repentino de la dirección de envío, las compras de alta frecuencia o el inicio de sesión desde un nuevo dispositivo o ubicación, y bloquear o desafiar la cuenta para verificación, para prevenir posibles fraudes y abusos.

En resumen, las aplicaciones específicas de la industria de AIOps demuestran la versatilidad y el valor de las plataformas y técnicas de AIOps para resolver los desafíos y aprovechar las oportunidades únicas de cada industria. Al aprovechar el conocimiento del dominio, los activos de datos y el contexto comercial de cada industria, AIOps puede ayudar a las organizaciones de diversas industrias a mejorar la eficiencia, calidad y agilidad de sus operaciones y servicios de TI y a impulsar la innovación, el crecimiento y la satisfacción del cliente.

A medida que los casos de uso y los beneficios específicos de la industria de AIOps continúan evolucionando y expandiéndose, es fundamental que los profesionales y líderes se mantengan informados y proactivos en la exploración y adopción de las soluciones y mejores prácticas de AIOps más relevantes e impactantes para su industria y organización.

Esto requiere una mentalidad de aprendizaje continuo y colaboración, así como un enfoque estratégico y holístico hacia AIOps que alinee la tecnología, las personas y los procesos hacia objetivos y resultados comunes.

V. Implementación de AIOps

A. Evaluación de la preparación organizacional

Implementar AIOps es una iniciativa estratégica y transformadora que requiere una planificación cuidadosa, una ejecución coordinada y una gestión del cambio efectiva. Antes de embarcarse en el viaje de AIOps, es fundamental evaluar la preparación y madurez de la organización, identificar las brechas y oportunidades, y construir un caso de negocio convincente y obtener la aprobación de las partes interesadas. Esta sección discutirá los pasos y consideraciones clave para evaluar la preparación organizacional para AIOps.

1. Evaluar la madurez y capacidades actuales de las operaciones de TI

El primer paso para evaluar la preparación organizacional para AIOps es evaluar el estado actual de las operaciones de TI en términos de madurez, capacidades y rendimiento. Esto implica una evaluación integral y objetiva de las personas, procesos y tecnologías que respaldan las operaciones de TI, así como su alineación con los objetivos y metas comerciales.

Algunas de las áreas clave a evaluar incluyen:

- **Infraestructura y arquitectura de TI:** La complejidad, escalabilidad y agilidad de la infraestructura y arquitectura de TI, incluyendo los componentes de cómputo, almacenamiento, red y seguridad, y su capacidad para respaldar las necesidades y cargas de trabajo actuales y futuras del negocio.
- **Procesos de gestión de servicios de TI (ITSM):** La madurez y efectividad de los procesos de ITSM, como la gestión de incidentes, gestión de problemas, gestión de cambios y gestión de configuración, y su alineación con las mejores prácticas y marcos de la industria, como ITIL, COBIT y DevOps.
- **Herramientas y tecnologías de operaciones de TI:** La funcionalidad, integración y automatización de las herramientas y tecnologías de operaciones de TI, como las herramientas de monitoreo, registro, *ticketing* y automatización, y su capacidad para proporcionar visibilidad, control y optimización de extremo a extremo del entorno de TI.
- **Habilidades y cultura de TI:** El conocimiento, habilidades y capacidades del personal de TI, y su mentalidad, comportamiento

y cultura en términos de colaboración, innovación, agilidad y orientación al cliente, y su disposición para adoptar enfoques y tecnologías de AIOps.

Para realizar la evaluación, las organizaciones pueden usar varios métodos y herramientas, como:

- **Modelos de madurez y marcos:** Los modelos de madurez y marcos estándar de la industria, como el CMMI (*Capability Maturity Model Integration*), el modelo de madurez ITIL y el modelo de madurez DevOps, proporcionan un enfoque estructurado y sistemático para evaluar el estado actual y el estado deseado de las operaciones de TI, y para identificar las brechas y oportunidades de mejora.
- **Análisis comparativo y de pares:** El análisis comparativo externo y de pares, que proporciona una visión comparativa del rendimiento y las prácticas de las operaciones de TI en comparación con los pares de la industria, las organizaciones de mejor desempeño y las tendencias y estándares del mercado, ayuda a identificar las fortalezas, debilidades y áreas de mejora.
- **Entrevistas y encuestas:** Las entrevistas y encuestas internas con el personal de TI, las partes interesadas del negocio y los usuarios finales, que proporcionan una visión cualitativa y subjetiva de los desafíos, puntos débiles y expectativas de las operaciones de TI, y ayudan a identificar los aspectos culturales, organizacionales y de personas de la preparación y la gestión del cambio.

2. Identificar brechas y áreas de mejora

Basado en la evaluación del estado actual, el siguiente paso es identificar las brechas y áreas de mejora en términos de las capacidades de AIOps y los factores de preparación. Esto implica un análisis de brechas y priorización para determinar las áreas más críticas e impactantes en las que enfocarse y definir el estado objetivo y la hoja de ruta para la implementación de AIOps.

Algunas de las brechas comunes y áreas de mejora en las operaciones de TI que AIOps puede abordar incluyen:

- **Operaciones reactivas y aisladas:** Los equipos de operaciones de TI a menudo son reactivos y están aislados, centrándose en la solución de problemas y gestión de incidentes en lugar de la optimización y la innovación proactiva y holística de los servicios de TI y los resultados comerciales. AIOps puede ayudar a romper los silos y habilitar análisis predictivos y prescriptivos y automatización a través de dominios de TI y funciones comerciales.
- **Procesos manuales y que consumen tiempo:** Los procesos de operaciones de TI a menudo son manuales, consumen tiempo y están sujetos a errores, dependiendo del juicio humano, la experiencia y la coordinación en lugar de la toma de decisiones y ejecución automatizadas y basadas en datos. AIOps puede ayudar a automatizar y agilizar los procesos, como la correlación de eventos, análisis de causa raíz y remediación, y liberar tiempo y esfuerzo humano para actividades más estratégicas y de valor añadido.
- **Falta de visibilidad y control de extremo a extremo:** Los equipos de operaciones de TI a menudo carecen de visibilidad y control de extremo a extremo del entorno de TI debido a la naturaleza

heterogénea y distribuida de los sistemas, herramientas y fuentes de datos de TI. AIOps puede ayudar a proporcionar una visión unificada y contextual de las operaciones de TI al integrar y correlacionar los datos de varias fuentes y aplicar técnicas de aprendizaje automático e inteligencia artificial para detectar patrones, anomalías e ideas.

- **Escalabilidad y agilidad limitadas:** Las operaciones de TI a menudo están limitadas por la escalabilidad y agilidad de la infraestructura de TI, los procesos y las habilidades para respaldar las demandas comerciales dinámicas e impredecibles y las transformaciones digitales. AIOps puede ayudar a habilitar operaciones de TI elásticas y adaptativas al aprovechar la nube, la automatización y las capacidades de autoaprendizaje y autoreparación para escalar y optimizar los recursos y servicios de TI basados en información en tiempo real y predictiva.

Para priorizar las brechas y áreas de mejora, las organizaciones pueden usar varios criterios y métodos, como:

- **Impacto y alineación comercial:** Las brechas y áreas que tienen el mayor impacto y alineación con los objetivos, metas y estrategias comerciales, como el crecimiento de ingresos, la satisfacción del cliente, la eficiencia operativa y la transformación digital, deben priorizarse y abordarse primero.
- **Viabilidad y victorias rápidas:** Las brechas y áreas que son viables y alcanzables a corto plazo, con una mínima interrupción y los máximos beneficios, como la automatización de tareas repetitivas, la integración de herramientas y fuentes de datos existentes, y los proyectos piloto y pruebas de concepto, deben priorizarse y entregarse como victorias rápidas y constructores de impulso.
- **Fundacionales y estratégicos:** Las brechas y áreas que son fun-

damentales y estratégicas para el éxito y madurez a largo plazo de AIOps, como la gobernanza y calidad de datos, el desarrollo de habilidades y cultura, y la modernización de arquitectura y plataforma, deben priorizarse e invertirse como habilitadores y aceleradores del viaje de AIOps.

3. Construir un caso de negocio y asegurar la aprobación de las partes interesadas

El paso final para evaluar la preparación organizacional para AIOps es construir un caso de negocio convincente y asegurar la aprobación y el apoyo de las partes interesadas. Esto implica articular y comunicar la propuesta de valor, los beneficios, los costos y los riesgos de la implementación de AIOps a las diversas partes interesadas, como los líderes de TI, los ejecutivos comerciales, los equipos de finanzas y compras, y los usuarios finales y clientes.

El caso de negocio para AIOps debe basarse en resultados y métricas tangibles y medibles que demuestren la alineación con los objetivos y metas comerciales, el retorno de la inversión (ROI) y el costo total de propiedad (TCO) de las iniciativas de AIOps. Algunos de los elementos clave y las mejores prácticas del caso de negocio de AIOps incluyen:

- **Definición de la visión y alcance de AIOps:** La articulación clara y concisa de la visión, estrategia y alcance de AIOps en términos de casos de uso, escenarios y resultados que se alinean con los objetivos y metas comerciales y abordan las brechas y áreas de mejora identificadas.

- **Cuantificación de los beneficios y el valor:** El análisis cuantitativo y cualitativo y la estimación de los beneficios y el valor de AIOps en términos de eficiencia operativa, calidad del servicio, experiencia del usuario, innovación y agilidad, y resultados comerciales y competitividad, basados en comparativas de la industria, estudios de casos y datos y suposiciones internas.
- **Identificación de costos e inversiones:** La identificación y estimación integral y realista de los costos e inversiones requeridos para la implementación de AIOps, incluyendo la tecnología y las herramientas, habilidades y capacitación, procesos y gobernanza, y gestión del cambio y adopción, basados en cotizaciones de proveedores, estándares de la industria y presupuestos y restricciones internas.
- **Evaluación de riesgos y mitigación:** La evaluación proactiva y exhaustiva y la mitigación de los riesgos y desafíos de la implementación de AIOps, como la calidad y seguridad de los datos, la integración e interoperabilidad, la resistencia cultural y organizacional, y las brechas de habilidades y talento, basados en las mejores prácticas de la industria, lecciones aprendidas y marcos y procesos internos de gestión de riesgos.
- **Definición de la hoja de ruta e hitos:** La definición clara y accionable de la hoja de ruta e hitos de la implementación de AIOps, incluyendo las fases, entregables, cronogramas, recursos y dependencias, que proporcionan visibilidad, transparencia y responsabilidad del progreso y los resultados, y flexibilidad y agilidad para adaptarse a los cambios y la retroalimentación.

Para asegurar la aprobación y el apoyo de las partes interesadas, las organizaciones deben involucrar y comunicar con las partes interesadas temprano y con frecuencia, utilizando varios canales y métodos, como presentaciones, talleres, demostraciones y pilotos, para educar, inspirar y colaborar con las partes interesadas, y abordar sus preocupaciones, expectativas y retroalimentación. Algunas de las partes interesadas clave y las mejores prácticas de la participación de las partes interesadas en AIOps incluyen:

- **Líderes y campeones de TI:** La identificación y empoderamiento de los líderes y campeones de TI que tienen la visión, influencia y habilidades para impulsar y evangelizar la adopción y cultura de AIOps, y alinear la estrategia y operaciones de TI con los objetivos y prioridades comerciales.
- **Ejecutivos y patrocinadores del negocio:** La participación y alineación de los ejecutivos y patrocinadores del negocio que tienen la autoridad, el presupuesto y la responsabilidad de los resultados y el valor del negocio, y que pueden proporcionar dirección estratégica, recursos y apoyo a las iniciativas e innovaciones de AIOps.
- **Usuarios finales y clientes:** La participación y empoderamiento de los usuarios finales y clientes que son los beneficiarios y jueces finales del valor y la experiencia de AIOps, y que pueden proporcionar retroalimentación, ideas y oportunidades de co-creación para la mejora continua e innovación de los servicios y productos de TI.
- **Socios y ecosistema:** La colaboración y aprovechamiento de socios y ecosistema, como proveedores, proveedores de servicios, academia y asociaciones industriales, que pueden proporcionar experiencia, mejores prácticas, herramientas y plataformas, y oportunidades de co-innovación para la implementación y aceleración de AIOps.

En resumen, evaluar la preparación organizacional para AIOps es un paso crítico y fundamental para la implementación y adopción exitosa y sostenible de AIOps. Requiere un enfoque holístico y basado en datos para evaluar el estado actual, identificar brechas y oportunidades, y construir un caso de negocio y obtener la aprobación de las partes interesadas, basados en resultados y beneficios tangibles y medibles. Las organizaciones deben aprovechar las mejores prácticas, marcos y herramientas de la industria, e involucrar a las partes interesadas temprano y con frecuencia para evaluar y mejorar la preparación y madurez de AIOps, y conducir el valor y la transformación de las operaciones de TI y los resultados comerciales.

B. Definición de objetivos y métricas de éxito

Una vez que se ha evaluado la preparación organizacional para AIOps y se ha establecido el caso de negocio, el siguiente paso crítico es definir objetivos claros y métricas de éxito para la implementación de AIOps. Esto implica establecer objetivos específicos, medibles, alcanzables, relevantes y con un plazo determinado (SMART) y los indicadores clave de rendimiento (KPI), alinear las iniciativas de AIOps con las prioridades y resultados del negocio, y definir una hoja de ruta e hitos para la ejecución y el monitoreo del progreso y la realización del valor. En esta sección, discutiremos los pasos y consideraciones clave para definir los objetivos y las métricas de éxito para la implementación de AIOps.

V. IMPLEMENTACIÓN DE AIOPS

1. Establecimiento de objetivos claros y KPI

El primer paso en la definición de objetivos y métricas de éxito para la implementación de AIOps es establecer objetivos claros y específicos y KPI que articulen los resultados y beneficios deseados de AIOps y proporcionen la base para la medición, el monitoreo y la optimización del rendimiento y el valor. Los objetivos y KPI deben derivarse del caso de negocio y las expectativas de las partes interesadas y deben alinearse con las estrategias y prioridades de TI y del negocio.

Algunos de los objetivos y KPI comunes para la implementación de AIOps incluyen:

- **Mejorar la eficiencia y productividad operativa de TI:** Los objetivos y KPI que miden la reducción de esfuerzos manuales, errores y costos, y el aumento de la automatización, estandarización y optimización de los procesos y tareas de operaciones de TI, como la gestión de incidentes, gestión de problemas, gestión de cambios y gestión de capacidad. Ejemplos de KPI incluyen el tiempo medio de resolución (MTTR), la tasa de resolución en el primer intento, la tasa de éxito de cambios y la utilización de infraestructura.
- **Mejorar la calidad y fiabilidad del servicio de TI:** Los objetivos y KPI que miden la mejora de la disponibilidad, rendimiento, seguridad y cumplimiento de los servicios y aplicaciones de TI, y la reducción de interrupciones del servicio, degradaciones del rendimiento, incidentes de seguridad y violaciones de cumplimiento. Ejemplos de KPI incluyen el cumplimiento del acuerdo de nivel de servicio (SLA), el tiempo de respuesta de la aplicación, el tiempo medio entre fallos (MTBF) y la postura de seguridad y cumplimiento.

- **Mejorar la experiencia y satisfacción del usuario y cliente:** Los objetivos y KPI que miden la mejora de las percepciones, preferencias, lealtad y defensa de los usuarios y clientes, y la reducción de quejas de usuarios y clientes, churn y retroalimentación negativa. Ejemplos de KPI incluyen la puntuación de satisfacción del usuario, la puntuación neta del promotor (NPS), el valor de vida del cliente (CLV) y la sensación y compromiso del usuario y cliente.
- **Impulsar los resultados y el valor del negocio:** Los objetivos y KPI que miden la contribución y el impacto de AIOps en los objetivos, resultados y competitividad del negocio, como el crecimiento de ingresos, rentabilidad, cuota de mercado e innovación y agilidad. Ejemplos de KPI incluyen el retorno de la inversión (ROI), el costo total de propiedad (TCO), el tiempo de comercialización y el valor de negocio entregado.

Para establecer objetivos y KPI efectivos y significativos, las organizaciones deben seguir algunas mejores prácticas y directrices, como:

- **Alineación con las estrategias y prioridades del negocio y TI:** Los objetivos y KPI deben alinearse y conectarse con las estrategias, metas y prioridades generales del negocio y TI, y deben traducirse en objetivos específicos y accionables y métricas para las iniciativas y equipos de AIOps.
- **Equilibrio de indicadores principales y de resultado:** Los objetivos y KPI deben incluir tanto indicadores principales, que miden los impulsores y facilitadores del rendimiento y valor, como la tasa de automatización, calidad de datos y habilidades y cultura, como indicadores de resultado, que miden los resultados y resultados, como la disponibilidad del servicio, satisfacción del usuario y valor de negocio.
- **Medibilidad y basados en datos:** Los objetivos y KPI deben ser

medibles, cuantificables y basados en datos, utilizando fuentes de datos, métodos y herramientas fiables y consistentes, y evitando métricas y objetivos subjetivos, ambiguos y basados en opiniones.
- **Alineación con estándares y benchmarks de la industria:** Los objetivos y KPI deben alinearse y compararse con los estándares, marcos y *benchmarks* relevantes de la industria, como ITIL, COBIT y DevOps, para permitir la validación externa, el intercambio de mejores prácticas y la mejora continua del rendimiento y valor de AIOps.

2. Alinear las iniciativas de AIOps con las prioridades del negocio

El segundo paso en la definición de objetivos y métricas de éxito para la implementación de AIOps es alinear las iniciativas y casos de uso de AIOps con las prioridades y resultados del negocio para asegurar la relevancia, el impacto y el valor de AIOps para las partes interesadas y los clientes del negocio. Esto implica identificar, priorizar y mapear las iniciativas y casos de uso de AIOps a los objetivos, metas y puntos débiles del negocio, y definir las propuestas de valor y criterios de éxito para cada iniciativa y caso de uso.

Algunas de las prioridades y resultados comerciales comunes que pueden ser respaldados y habilitados por AIOps incluyen:

- **Transformación digital e innovación:** Las prioridades y resultados comerciales que se centran en aprovechar las tecnologías digitales, datos y conocimientos para transformar los modelos comerciales, operaciones y experiencias de clientes y para impulsar la innovación, diferenciación y crecimiento. Ejemplos de iniciativas y casos de uso de AIOps que respaldan estas prioridades incluyen el mantenimiento predictivo, auto-optimización de la infraestructura y aplicaciones de TI, y el compromiso y soporte proactivo y personalizado del cliente.

- **Eficiencia operativa y optimización de costos:** Las prioridades y resultados comerciales que se centran en mejorar la eficiencia, productividad y rentabilidad de las operaciones y procesos comerciales, y en reducir el desperdicio, los errores y los retrasos. Ejemplos de iniciativas y casos de uso de AIOps que respaldan estas prioridades incluyen la automatización y optimización de procesos de operaciones de TI, como la gestión de incidentes, gestión de problemas y gestión de capacidad, y la reducción de costos y riesgos operativos de TI.

- **Orientación al cliente y experiencia:** Las prioridades y resultados comerciales que se centran en comprender, comprometer y deleitar a los clientes, y en ofrecer productos, servicios y experiencias personalizados, convenientes y de valor añadido. Ejemplos de iniciativas y casos de uso de AIOps que respaldan estas prioridades incluyen el servicio y soporte proactivo y predictivo del cliente, recomendaciones y ofertas personalizadas y contextuales, y trayectorias e interacciones de clientes omnicanal y sin problemas.

- **Cumplimiento y gestión de riesgos:** Las prioridades y resultados comerciales que se centran en la adherencia y conformidad con los requisitos y estándares legales, regulatorios y éticos, y en la identificación, evaluación y mitigación de riesgos y amenazas a la continuidad del negocio, reputación y valor. Ejemplos de iniciativas y casos de uso de AIOps que respaldan estas prioridades incluyen la supervisión y reporte automatizados y continuos del cumplimiento, la detección y prevención proactiva y predictiva de seguridad y fraudes, y la toma de decisiones y optimización inteligentes y conscientes de los riesgos.

Para alinear las iniciativas de AIOps con las prioridades del negocio, las organizaciones deben seguir algunas mejores prácticas y directrices, como:

- **Colaboración y co-creación con las partes interesadas del negocio:** Las iniciativas y casos de uso de AIOps deben ser identificados, priorizados y definidos en colaboración y co-creación con las partes interesadas del negocio, como los propietarios del negocio, gerentes de productos y representantes de clientes, para asegurar la alineación, relevancia y valor de AIOps para los objetivos y resultados del negocio.
- **Mapeo y realización de valor:** Las iniciativas y casos de uso de AIOps deben ser mapeados y vinculados a los objetivos, metas y KPI específicos del negocio, y las propuestas de valor y criterios de éxito deben ser definidos y validados para cada iniciativa y caso de uso, para permitir el seguimiento, medición y realización del valor y resultados comerciales.
- **Enfoque ágil e iterativo:** Las iniciativas y casos de uso de AIOps deben ser implementados y entregados en un enfoque ágil e iterativo, con ciclos de lanzamiento cortos y frecuentes, bucles continuos de retroalimentación y mejora, y flexibilidad y adaptabilidad a las prioridades y requisitos comerciales cambiantes, para permitir un tiempo más rápido al valor, aprendizaje e innovación.
- **Gestión del cambio y adopción:** Las iniciativas y casos de uso de AIOps deben ser respaldados y habilitados por estrategias y prácticas efectivas de gestión del cambio y adopción, como comunicación, capacitación, incentivos y liderazgo y patrocinio, para asegurar la comprensión, compra y cambio de comportamiento

de las partes interesadas y usuarios del negocio, y la realización y sostenibilidad del valor y resultados comerciales.

3. Definir una hoja de ruta e hitos

El tercer paso en la definición de objetivos y métricas de éxito para la implementación de AIOps es definir una hoja de ruta e hitos que proporcionen un plan claro y accionable y una línea de tiempo para la ejecución, monitoreo y optimización de las iniciativas y casos de uso de AIOps, y la realización y medición del valor y resultados. La hoja de ruta y los hitos deben basarse en la priorización y alineación de las iniciativas de AIOps con las prioridades comerciales, la evaluación y mitigación de riesgos y dependencias, y la consideración y equilibrio de los objetivos y beneficios a corto y largo plazo.

Algunos de los elementos clave y mejores prácticas de la hoja de ruta e hitos de AIOps incluyen:

- **Enfoque por fases e incremental:** La hoja de ruta de AIOps debe dividirse en múltiples fases e incrementos, cada uno con objetivos, entregables, hitos y criterios de éxito específicos que permitan la implementación y adopción gradual y controlada de AIOps, y la realización y demostración del valor y resultados en cada fase e incremento.
- **Priorización y secuenciación:** Las iniciativas y casos de uso de AIOps deben priorizarse y secuenciarse en la hoja de ruta en función del valor comercial, factibilidad, complejidad y dependencias, y la alineación con la estrategia y arquitectura general de AIOps,

para asegurar la asignación y utilización óptima de recursos e inversiones, y la maximización del valor y resultados.
- **Hitos y puntos de control:** La hoja de ruta de AIOps debe incluir hitos y puntos de control específicos y medibles que marquen la finalización y validación de los entregables clave, objetivos y criterios de éxito, y la transición y preparación para la siguiente fase e incremento, y que permitan el seguimiento, monitoreo y reporte del progreso y la realización del valor.
- **Mejora y optimización continua:** La hoja de ruta de AIOps debe incluir mecanismos y procesos para la mejora y optimización continua basados en la retroalimentación, lecciones aprendidas y conocimientos y recomendaciones basados en datos, para asegurar la agilidad, adaptabilidad y maximización del valor de las iniciativas y casos de uso de AIOps, y la alineación con las prioridades y requisitos comerciales en evolución.

Para definir una hoja de ruta e hitos de AIOps efectivos y accionables, las organizaciones deben seguir algunas mejores prácticas y directrices, como:

- **Planificación colaborativa y multifuncional:** La hoja de ruta y los hitos de AIOps deben definirse y validarse en un proceso de planificación colaborativa y multifuncional, que involucre a las partes interesadas clave de TI, negocio, operaciones y funciones de soporte, para asegurar la alineación, compromiso y propiedad de las iniciativas y casos de uso de AIOps, y la realización del valor y resultados.
- **Cronograma y alcance realistas y alcanzables:** La hoja de ruta y los hitos de AIOps deben basarse en un cronograma y alcance realistas y alcanzables, considerando los recursos, habilidades, tecnologías y restricciones disponibles, y los posibles riesgos e issues, para

asegurar la factibilidad, predictibilidad y éxito de las iniciativas y casos de uso de AIOps.
- **Comunicación y visibilidad:** La hoja de ruta y los hitos de AIOps deben comunicarse y ser visibles para todas las partes interesadas relevantes, utilizando los canales, formatos y frecuencias adecuados para asegurar la conciencia, comprensión y compromiso de las partes interesadas, y la alineación y coordinación de las iniciativas y casos de uso de AIOps con otras prioridades y proyectos de negocio y TI.
- **Monitoreo y reporte:** La hoja de ruta y los hitos de AIOps deben ser monitoreados y reportados regularmente y de manera consistente, utilizando los KPI, métricas y paneles de control definidos, para asegurar la transparencia, responsabilidad y toma de decisiones y optimización basada en datos de las iniciativas y casos de uso de AIOps, y la realización y demostración del valor y resultados.

En resumen, definir objetivos claros y métricas de éxito es un paso crítico en la implementación de AIOps que permite la alineación, priorización y realización del valor de las iniciativas y casos de uso de AIOps, y la medición, monitoreo y optimización del rendimiento y resultados de AIOps. Requiere el establecimiento de objetivos y KPI específicos y medibles, la alineación con las prioridades y resultados del negocio, la definición de una hoja de ruta e hitos basados en mejores prácticas y directrices, y la colaboración y comunicación con las partes interesadas clave. Al definir y ejecutar objetivos y métricas de éxito efectivos, las organizaciones pueden asegurar el éxito, el impacto y el valor de la implementación de AIOps, y la mejora continua e innovación de las operaciones de TI y los resultados comerciales.

C. Selección de herramientas y plataformas adecuadas

Una vez que se han definido los objetivos y métricas de éxito para la implementación de AIOps, el siguiente paso crucial es seleccionar las herramientas y plataformas adecuadas que puedan habilitar y respaldar la realización de esos objetivos y resultados. Esto implica evaluar las ofertas y capacidades de los proveedores, considerar la integración con las herramientas y procesos existentes, y equilibrar el costo, la escalabilidad y la facilidad de uso de las soluciones de AIOps. En esta sección, discutiremos las consideraciones clave y las mejores prácticas para seleccionar las herramientas y plataformas adecuadas para AIOps.

1. Evaluación de ofertas y capacidades de los proveedores

El primer paso en la selección de herramientas y plataformas adecuadas para AIOps es evaluar las ofertas y capacidades de los proveedores y evaluar su alineación y adecuación con la estrategia, objetivos y requisitos de AIOps de la organización. Esto implica realizar una investigación y análisis exhaustivos del mercado y entablar conversaciones con los proveedores y expertos de la industria para comprender y comparar las características, funcionalidades, tecnologías y propuestas de valor de las diferentes soluciones de AIOps.

Algunos de los criterios y aspectos clave a considerar al evaluar las ofertas y capacidades de los proveedores incluyen:

- **Funcionalidad y soporte de casos de uso:** Las herramientas y plataformas de AIOps deben proporcionar las funcionalidades necesarias y relevantes y el soporte de casos de uso, como la ingesta e integración de datos, detección de anomalías y análisis de causas raíz, análisis predictivo y pronósticos, automatización y remediación, y visualización e informes, para habilitar y entregar los objetivos y resultados definidos de AIOps.

- **Tecnología y arquitectura:** Las herramientas y plataformas de AIOps deben basarse en tecnología y arquitectura modernas y escalables, como la arquitectura nativa de la nube y basada en microservicios, análisis de big data y en tiempo real, aprendizaje automático e inteligencia artificial, y API y SDK abiertos y extensibles, para asegurar el rendimiento, la escalabilidad, la flexibilidad y la innovación de las soluciones de AIOps.
- **Facilidad de uso y experiencia del usuario:** Las herramientas y plataformas de AIOps deben proporcionar una interfaz y experiencia de usuario intuitivas y fáciles de usar, con flujos de trabajo guiados y automatizados, interacciones en lenguaje natural y conversacional, y paneles de control e informes visuales e interactivos, para habilitar la adopción, la productividad y la satisfacción de los usuarios y partes interesadas de AIOps.
- **Integración e interoperabilidad:** Las herramientas y plataformas de AIOps deben proporcionar integraciones preconstruidas y personalizables y la interoperabilidad con las herramientas y procesos existentes y relevantes de operaciones de TI y del negocio, como las herramientas de monitoreo y observabilidad, las herramientas de ITSM y ITOM, las herramientas de automatización y orquestación, y las herramientas de BI y análisis, para habilitar flujos de trabajo de AIOps de extremo a extremo y sin problemas y la entrega de valor.
- **Ecosistema de proveedores y comunidad:** Las herramientas y plataformas de AIOps deben estar respaldadas por un ecosistema

de proveedores y comunidad sólido y activo, con un historial probado y referencias de clientes, documentación y capacitación completas y actualizadas, soporte y servicios receptivos y conocedores, y comunidades de usuarios y desarrolladores vibrantes y colaborativas, para asegurar el éxito, la continuidad y la innovación de las soluciones de AIOps.

Para evaluar las ofertas y capacidades de los proveedores de manera efectiva, las organizaciones deben seguir algunas mejores prácticas y directrices, como:

- **Definición y priorización de requisitos y criterios de AIOps:** La organización debe definir y priorizar los requisitos y criterios clave de AIOps, basados en la estrategia, objetivos y casos de uso de AIOps, y en el contexto y restricciones de TI y del negocio, para habilitar la evaluación y comparación objetiva y consistente de las ofertas y capacidades de los proveedores.
- **Realización de pruebas de concepto y ensayos:** La organización debe realizar pruebas de concepto (POC) y ensayos de las herramientas y plataformas de AIOps preseleccionadas, utilizando datos y escenarios representativos y relevantes para validar y experimentar la funcionalidad, rendimiento, usabilidad y valor de las soluciones de AIOps, y para identificar fortalezas, debilidades y brechas.
- **Engagement con referencias de proveedores y usuarios:** La organización debe interactuar con referencias de proveedores y comunidades de usuarios para recopilar comentarios e insights de primera mano e imparciales sobre las herramientas y plataformas de AIOps, el soporte y servicios del proveedor, la adopción y satisfacción del usuario, y los resultados y valor comercial realizados, y para aprender las mejores prácticas y lecciones aprendidas.

- **Evaluación de la viabilidad y hoja de ruta del proveedor:** La organización debe evaluar la viabilidad y hoja de ruta del proveedor, en términos de estabilidad financiera, presencia en el mercado, inversiones en I+D y visión y hoja de ruta de productos y servicios, para asegurar la asociación estratégica y de largo plazo y el valor de las soluciones de AIOps.

2. Considerar la integración con herramientas y procesos existentes

La segunda consideración clave en la selección de herramientas y plataformas adecuadas para AIOps es la integración e interoperabilidad con las herramientas y procesos existentes para asegurar flujos de trabajo de AIOps sin problemas y de extremo a extremo y la entrega de valor, y para minimizar la disrupción y complejidad de la implementación de AIOps. Esto implica evaluar el panorama actual de herramientas y procesos de operaciones de TI y del negocio, y la identificación de requisitos y brechas de integración e interoperabilidad, y evaluar las capacidades y opciones de integración e interoperabilidad de las herramientas y plataformas de AIOps.

Algunos de los escenarios y requisitos comunes y críticos de integración e interoperabilidad para las herramientas y plataformas de AIOps incluyen:

- **Ingesta e integración de datos:** Las herramientas y plataformas de AIOps deben poder ingerir e integrar datos de diversas fuentes y formatos heterogéneos, como métricas, registros, trazas, eventos y *tickets*, de diferentes herramientas de monitoreo y observabilidad, herramientas de ITSM y ITOM, y herramientas de BI y análisis, y almacenar y procesar los datos en un formato y modelo centralizado y normalizado.

- **Orquestación de flujos de trabajo y procesos:** Las herramientas y plataformas de AIOps deben poder orquestar y automatizar flujos de trabajo y procesos de AIOps de extremo a extremo y multifuncionales, como la gestión de incidentes, gestión de problemas, gestión de cambios y gestión de capacidad, integrándose con las herramientas relevantes de ITSM y ITOM, las herramientas de automatización y orquestación, y las herramientas de colaboración y comunicación.
- **Ejecución de acciones y remediaciones:** Las herramientas y plataformas de AIOps deben poder ejecutar y automatizar las acciones y remediaciones prescritas y recomendadas, como reiniciar servicios, escalar recursos, revertir cambios y actualizar configuraciones, integrándose con las herramientas y procesos relevantes de operaciones de TI y del negocio, como las herramientas de aprovisionamiento y gestión de infraestructura y aplicaciones, las herramientas de CI/CD y DevOps, y las herramientas de ITSM y ITOM.
- **Contextualización de insights y recomendaciones:** Las herramientas y plataformas de AIOps deben poder contextualizar y enriquecer los *insights* y recomendaciones con información y contexto relevante y accionable, como el impacto comercial, la experiencia del usuario, las dependencias del servicio y los incidentes y resoluciones pasados, integrándose con las herramientas y procesos relevantes de operaciones de TI y del negocio, como las herramientas de CMDB y mapeo de servicios, las herramientas de BI y análisis, y las herramientas de gestión del conocimiento y colaboración.

Para considerar los requisitos y opciones de integración e interoperabilidad de manera efectiva, las organizaciones deben seguir algunas mejores prácticas y directrices, como:

- **Realización de un inventario y evaluación de herramientas y procesos:** La organización debe realizar un inventario y evaluación completos y actualizados de las herramientas y procesos actuales de operaciones de TI y del negocio, y la identificación de requisitos y brechas de integración e interoperabilidad, basados en la estrategia, objetivos y casos de uso de AIOps, y en el contexto y restricciones de TI y del negocio.
- **Evaluación de las capacidades y opciones de integración e interoperabilidad de las herramientas y plataformas de AIOps:** La organización debe evaluar y comparar las capacidades y opciones de integración e interoperabilidad de las herramientas y plataformas de AIOps, como conectores y adaptadores preconstruidos y personalizables, API y SDK, modelos y esquemas de datos, y plantillas de flujos de trabajo y procesos y orquestación, y evaluar su alineación y adecuación con los requisitos y prioridades de integración e interoperabilidad.
- **Definición e implementación de la arquitectura y hoja de ruta de integración e interoperabilidad:** La organización debe definir e implementar una arquitectura y hoja de ruta de integración e interoperabilidad completa y escalable que habilite flujos de trabajo de AIOps de extremo a extremo y entrega de valor sin problemas y minimice la complejidad y el mantenimiento de las integraciones e interoperabilidad, y que apoye la evolución e innovación de las herramientas y plataformas de AIOps y las herramientas y procesos de operaciones de TI y del negocio.
- **Pruebas y validación de integraciones e interoperabilidad:** La organización debe probar y validar las integraciones e interop-

erabilidad de las herramientas y plataformas de AIOps con las herramientas y procesos relevantes de operaciones de TI y del negocio, utilizando datos y escenarios representativos y realistas, e identificar y resolver issues y brechas, y optimizar y documentar las integraciones e interoperabilidad para la mejora continua y el mantenimiento.

3. Equilibrio entre costo, escalabilidad y facilidad de uso

La tercera consideración clave en la selección de herramientas y plataformas adecuadas para AIOps es equilibrar el costo, la escalabilidad y la facilidad de uso para asegurar la factibilidad, asequibilidad y adopción de las soluciones de AIOps y maximizar el retorno de inversión (ROI) y la realización del valor. Esto implica evaluar los modelos de costo y precios, los requisitos de escalabilidad y rendimiento, la usabilidad y la curva de aprendizaje de las herramientas y plataformas de AIOps, y tomar decisiones y compensaciones basadas en las prioridades, restricciones y objetivos de la organización.

Algunos de los aspectos y factores clave a considerar al equilibrar el costo, la escalabilidad y la facilidad de uso de las herramientas y plataformas de AIOps incluyen:

- **Modelos de costo y precios:** Las herramientas y plataformas de AIOps deben proporcionar modelos de costo y precios transparentes y previsibles, como precios basados en suscripción, uso o valor, que se alineen con el presupuesto y las restricciones financieras de la organización y permitan escalar y optimizar las soluciones de AIOps según las necesidades y el valor. La organización también debe considerar el costo total de propiedad (TCO) y el ROI de las herramientas y plataformas de AIOps, incluidos los costos iniciales y continuos, como licencias, infraestructura, integración, personalización, capacitación y soporte, y los beneficios y el valor tangibles e intangibles, como las ganancias de eficiencia y productividad, las mejoras en la calidad del servicio y la experiencia del usuario, y los resultados comerciales y la competitividad.

- **Escalabilidad y rendimiento:** Las herramientas y plataformas de AIOps deben proporcionar una arquitectura y capacidades escalables y de alto rendimiento, como procesamiento distribuido y paralelo, análisis en memoria y en tiempo real, y autoescalado y balanceo de carga, para habilitar la ingesta, procesamiento, análisis y almacenamiento de grandes volúmenes y variedades de datos de operaciones de TI y del negocio, y la entrega de *insights* y recomendaciones en tiempo real y accionables. La organización también debe considerar los requisitos y escenarios de escalabilidad y rendimiento, como el volumen y la velocidad de los datos, los usuarios y solicitudes concurrentes, y el tiempo de respuesta y rendimiento, y evaluar las capacidades y opciones de escalabilidad y rendimiento de las herramientas y plataformas de AIOps, como los modelos de despliegue en la nube, en las instalaciones y híbridos, las tecnologías y arquitecturas de procesamiento y almacenamiento de datos, y las herramientas y prácticas de monitoreo y optimización.

- **Facilidad de uso y curva de aprendizaje:** Las herramientas y plataformas de AIOps deben proporcionar interfaces y experiencias de usuario intuitivas y fáciles de usar, como flujos de trabajo guiados y contextuales, interacciones en lenguaje natural y conversacional, y paneles de control e informes visuales e interactivos, para habilitar la incorporación, adopción y productividad fáciles y rápidas de los usuarios y partes interesadas de AIOps, y minimizar los requisitos de capacitación y soporte. La organización también debe considerar los factores y escenarios de facilidad de uso y curva de aprendizaje, como los roles y perfiles de los usuarios, las habilidades y conocimientos del dominio, los casos de uso y la complejidad y frecuencia de los flujos de trabajo, y evaluar las características y opciones de usabilidad y facilidad de aprendizaje de las herramientas y plataformas de AIOps, como el diseño y los patrones de UI y UX, la documentación y los tutoriales, los recursos de la comunidad y soporte, y las opciones de personalización y extensibilidad.

Para equilibrar el costo, la escalabilidad y la facilidad de uso de manera efectiva, las organizaciones deben seguir algunas mejores prácticas y directrices, como:

- **Definición y priorización de requisitos y criterios de costo, escalabilidad y facilidad de uso:** La organización debe definir y priorizar los requisitos y criterios clave de costo, escalabilidad y facilidad de uso, basados en la estrategia, objetivos y casos de uso de AIOps, y en el contexto y restricciones de TI y del negocio, como el presupuesto y objetivos financieros, las características y crecimiento de los datos y la carga de trabajo, y los perfiles y expectativas de los usuarios y partes interesadas.
- **Evaluación y comparación de capacidades y opciones de costo, escalabilidad y facilidad de uso de las herramientas y plataformas de AIOps:** La organización debe evaluar y comparar las capacidades y opciones de costo y precios, escalabilidad y rendimiento, y facilidad de uso y curva de aprendizaje de las herramientas y plataformas de AIOps, utilizando los requisitos y criterios definidos, y los datos y escenarios representativos y realistas, y la retroalimentación y

validación de los usuarios y partes interesadas.
- **Tomar decisiones y compensaciones basadas en prioridades y restricciones:** La organización debe tomar decisiones y compensaciones informadas y justificadas sobre el costo, la escalabilidad y la facilidad de uso de las herramientas y plataformas de AIOps, basadas en las prioridades y restricciones, como equilibrar el costo y valor a corto y largo plazo, optimizar la escalabilidad y rendimiento para los casos de uso y flujos de trabajo críticos y de alto valor, y priorizar la facilidad de uso y adopción para los grupos y perfiles clave de usuarios y partes interesadas.
- **Monitoreo y optimización continua del costo, escalabilidad y facilidad de uso:** La organización debe monitorear y optimizar continuamente el costo, escalabilidad y facilidad de uso de las herramientas y plataformas de AIOps, utilizando métricas y KPI relevantes, la retroalimentación y conocimientos de los usuarios y partes interesadas, y las mejores prácticas e innovaciones de los proveedores y comunidades, y ajustar y mejorar las herramientas y plataformas de AIOps y los procesos basados en los requisitos y prioridades cambiantes, y las lecciones aprendidas y el valor realizado.

En resumen, seleccionar las herramientas y plataformas adecuadas para AIOps es una decisión crítica y compleja que requiere la evaluación y equilibrio cuidadoso de múltiples criterios y factores, como la funcionalidad y soporte de casos de uso, la tecnología y arquitectura, la integración e interoperabilidad, el costo y precios, la escalabilidad y rendimiento, y la facilidad de uso y curva de aprendizaje. Las organizaciones deben seguir mejores prácticas y directrices, como definir y priorizar los requisitos y criterios, realizar POC y ensayos, involucrar a proveedores y usuarios, y tomar decisiones y compensaciones basadas en prioridades y restricciones, para seleccionar las herramientas y plataformas de AIOps que se alineen con la estrategia, objetivos y casos de uso de AIOps, y habiliten la implementación y adopción exitosa y valiosa de las soluciones de AIOps. La selección de herramientas y plataformas de AIOps debe ser un proceso continuo e iterativo que se adapte a las necesidades y oportunidades en evolución, aproveche la retroalimentación y conocimientos de los usuarios y partes interesadas, y las innovaciones y mejores prácticas de los proveedores y comunidades.

D. Integración de AIOps con procesos existentes de operaciones de TI

Integrar AIOps con los procesos existentes de operaciones de TI es crucial para asegurar una implementación exitosa y sin problemas. Esto implica alinear las capacidades de AIOps con marcos de gestión de servicios de TI (ITSM) establecidos, como ITIL, adaptar roles y responsabilidades para acomodar AIOps, y establecer canales de colaboración y comunicación efectivos. En esta sección, exploraremos estos aspectos en detalle.

1. Mapeo de capacidades de AIOps a ITIL y otros marcos

ITIL (*Information Technology Infrastructure Library*) es un marco ampliamente adoptado para ITSM que proporciona un conjunto completo de mejores prácticas para la entrega de servicios de TI. Al integrar AIOps con los procesos existentes de operaciones de TI, es esencial mapear las capacidades de AIOps a los procesos relevantes de ITIL. Este mapeo asegura que AIOps complemente y mejore los procesos existentes en lugar de entrar en conflicto con ellos.

Algunos ejemplos de cómo las capacidades de AIOps pueden mapearse a los procesos de ITIL incluyen:

- **Gestión de incidentes:** AIOps puede mejorar significativamente la gestión de incidentes al detectar y priorizar automáticamente incidentes basados en su impacto y urgencia. Las herramientas de AIOps pueden correlacionar eventos de múltiples fuentes, identificar la causa raíz de los incidentes y proporcionar recomendaciones para su resolución. Esta capacidad se alinea con el proceso de gestión de incidentes en ITIL, que tiene como objetivo restaurar las operaciones normales del servicio lo más rápido posible.
- **Gestión de problemas:** AIOps puede ayudar en la gestión de problemas al identificar incidentes recurrentes y realizar análisis de causas raíz. Al analizar datos históricos y patrones, las herramientas de AIOps pueden ayudar a identificar las causas subyacentes de los problemas y proporcionar insights para prevenir futuras ocurrencias. Esta capacidad respalda el proceso de gestión de problemas en ITIL, que se centra en minimizar el impacto de los incidentes y prevenir su recurrencia.
- **Gestión de cambios:** AIOps puede contribuir a la gestión de cambios al evaluar el riesgo e impacto de los cambios propuestos. Al aprovechar algoritmos de aprendizaje automático, las herramientas de AIOps pueden analizar datos históricos de cambios, identificar patrones y predecir las posibles consecuencias de los cambios planificados. Esta capacidad se alinea con el proceso de gestión de cambios en ITIL, que tiene como objetivo asegurar que los cambios sean registrados, evaluados, autorizados, priorizados, planificados, probados, implementados y documentados de

manera controlada.
- **Gestión de capacidad:** AIOps puede apoyar la gestión de capacidad al predecir futuros requisitos de recursos basados en datos históricos y modelos de pronóstico. Al analizar patrones de utilización de recursos, las herramientas de AIOps pueden ayudar a optimizar la planificación de capacidad y asegurar que los servicios de TI tengan suficientes recursos para satisfacer la demanda. Esta capacidad se alinea con el proceso de gestión de capacidad en ITIL, que tiene como objetivo asegurar que la capacidad de los servicios e infraestructura de TI cumpla con los requisitos comerciales actuales y futuros.

Además de ITIL, algunos otros marcos y metodologías pueden ser relevantes al integrar AIOps, tales como:

- **DevOps:** AIOps puede complementar las prácticas de DevOps al proporcionar insights en tiempo real sobre el rendimiento y la confiabilidad de las aplicaciones a lo largo del ciclo de vida del desarrollo de software. Las herramientas de AIOps pueden ayudar a identificar problemas temprano en el desarrollo, permitiendo una retroalimentación y resolución más rápida.
- **Ingeniería de Confiabilidad del Sitio (SRE):** AIOps puede apoyar las prácticas de SRE al proporcionar capacidades automatizadas de monitoreo, alerta y remediación. Las herramientas de AIOps pueden ayudar a los equipos de SRE a mantener la confiabilidad y el rendimiento de los sistemas de producción, reduciendo la necesidad de intervención manual.

Al mapear las capacidades de AIOps a los marcos existentes, es importante considerar los objetivos y requisitos específicos de su organización. Identifique los procesos clave y las áreas donde AIOps puede proporcionar el mayor valor y alinee la implementación en consecuencia.

2. Adaptación de roles y responsabilidades

La implementación de AIOps a menudo requiere la adaptación de roles y responsabilidades existentes dentro del equipo de operaciones de TI. A medida que AIOps automatiza y mejora varias tareas, es esencial redefinir los roles y responsabilidades de los miembros del equipo para asegurar una colaboración efectiva y la utilización de las capacidades de AIOps.

Aquí hay algunas consideraciones para adaptar roles y responsabilidades:

- **Especialista en AIOps:** Introduzca un rol de especialista en AIOps dedicado, responsable de configurar, gestionar y optimizar herramientas y procesos de AIOps. Este rol requiere una comprensión profunda de las tecnologías de AIOps, algoritmos de aprendizaje automático y análisis de datos.
- **Gestores de incidentes:** Los gestores de incidentes deberán adaptar sus flujos de trabajo para incorporar insights y recomendaciones de AIOps. Deben ser capacitados para interpretar las salidas de AIOps, como alertas de detección de anomalías e informes de análisis de causas raíz, y utilizarlas para tomar decisiones informadas durante la resolución de incidentes.
- **Gestores de problemas:** Los gestores de problemas deben aprovechar las capacidades de AIOps para identificar incidentes recurrentes y realizar gestión proactiva de problemas. Deben

colaborar con los especialistas en AIOps para definir patrones de problemas, analizar tendencias y desarrollar medidas preventivas.
- **Gestores de cambios:** Los gestores de cambios deben incorporar *insights* de AIOps en el proceso de evaluación y planificación de cambios. Deben utilizar las predicciones y evaluaciones de riesgo de AIOps para tomar decisiones informadas sobre el tiempo y el impacto de los cambios.
- **Gestores de capacidad:** Los gestores de capacidad deben integrar las capacidades de pronóstico y optimización de AIOps en sus procesos de planificación de capacidad. Deben colaborar con los especialistas en AIOps para definir umbrales de capacidad, analizar tendencias de utilización de recursos y tomar decisiones basadas en datos sobre ajustes de capacidad.

Es crucial proporcionar capacitación y soporte para ayudar a los miembros del equipo a comprender y adoptar sus nuevos roles y responsabilidades en AIOps. Fomente una cultura de aprendizaje continuo y colaboración, donde los miembros del equipo puedan compartir sus experiencias y mejores prácticas relacionadas con AIOps.

3. Establecimiento de canales de colaboración y comunicación

La colaboración y comunicación efectivas son clave para integrar AIOps con los procesos existentes de operaciones de TI. Establecer canales claros de colaboración y comunicación asegura que los insights de AIOps se compartan y actúen de manera oportuna y coordinada.

Aquí hay algunas estrategias para establecer canales de colaboración y comunicación:

- **Equipos multifuncionales:** Cree equipos multifuncionales que incluyan representantes de operaciones de TI, especialistas en AIOps, equipos de desarrollo y partes interesadas del negocio. Estos equipos deben reunirse regularmente para discutir iniciativas de AIOps, compartir *insights* y alinear prioridades.
- **Paneles de control e informes compartidos:** Implemente paneles de control e informes compartidos que proporcionen visibilidad en tiempo real de los insights y métricas de AIOps. Estos paneles deben ser accesibles para todas las partes interesadas relevantes y facilitar la toma de decisiones basada en datos.
- **Plataformas de colaboración:** Utilice plataformas de colaboración como Slack o Microsoft Teams para habilitar la comunicación e intercambio de información en tiempo real entre los miembros del equipo. Cree canales dedicados para discusiones relacionadas con AIOps, donde los miembros del equipo puedan hacer preguntas, compartir insights y coordinar acciones.
- **Integración de sistemas de tickets y flujos de trabajo:** Integre las herramientas de AIOps con los sistemas de gestión de tickets y flujos de trabajo existentes, como ServiceNow o Jira. Esta integración asegura que los insights y recomendaciones de AIOps se incorporen sin problemas en los procesos de gestión de incidentes, problemas y cambios.
- **Reuniones y revisiones regulares:** Realice reuniones y revisiones regulares para discutir el progreso y efectividad de las iniciativas de AIOps. Estas reuniones deben involucrar a las partes interesadas clave de operaciones de TI, equipos de desarrollo y equipos de negocio, y centrarse en evaluar el impacto de AIOps en los indicadores clave de rendimiento (KPI) e identificar áreas de mejora.

- **Compartición de conocimientos y documentación:** Establezca un repositorio centralizado de conocimientos y documentación para información relacionada con AIOps. Anime a los miembros del equipo a contribuir con sus aprendizajes, mejores prácticas y estudios de casos al repositorio de conocimientos, fomentando una cultura de compartición de conocimientos y mejora continua.

Al establecer canales efectivos de colaboración y comunicación, las organizaciones pueden asegurar que los insights de AIOps se aprovechen al máximo y que todas las partes interesadas estén alineadas hacia objetivos comunes.

Integrar AIOps con los procesos existentes de operaciones de TI requiere una planificación y ejecución cuidadosas. Al mapear las capacidades de AIOps a ITIL y otros marcos relevantes, adaptar roles y responsabilidades, y establecer canales efectivos de colaboración y comunicación, las organizaciones pueden integrar AIOps exitosamente en el panorama de operaciones de TI. Esta integración permite a las organizaciones aprovechar al máximo el potencial de AIOps, impulsando mejoras en la gestión de incidentes, resolución de problemas, gestión de cambios, planificación de capacidad y la entrega general de servicios de TI.

E. Construcción y entrenamiento de modelos de IA

La construcción y entrenamiento de modelos de IA es un componente crítico de la implementación de AIOps. Involucra la recopilación y preparación de datos de entrenamiento, la selección de algoritmos y marcos apropiados, la sintonización de hiperparámetros y la optimización del rendimiento del modelo, y la validación y prueba de modelos en entornos de producción. Esta sección profundizará en cada uno de estos aspectos, proporcionando *insights* detallados y mejores prácticas.

1. Recopilación y preparación de datos de entrenamiento

La calidad y relevancia de los datos de entrenamiento impactan directamente en el rendimiento y la efectividad de los modelos de IA en AIOps. La recopilación y preparación de los datos de entrenamiento adecuados es crucial para construir modelos precisos y confiables.

Aquí hay algunas consideraciones clave para la recopilación y preparación de datos de entrenamiento:

- **Fuentes de datos:** Identifique las fuentes de datos relevantes para entrenar modelos de AIOps, como registros del sistema, métricas, eventos y *tickets*. Considere tanto fuentes de datos estructurados como no estructurados, ya que ambos pueden proporcionar valiosos *insights* sobre el comportamiento del sistema y las anomalías.
- **Calidad de los datos:** Asegúrese de que los datos recopilados sean de alta calidad y estén libres de ruido, inconsistencias y valores faltantes. Realice técnicas de limpieza y preprocesamiento de datos, como detección de valores atípicos, normalización de datos y escalado de características, para mejorar la calidad y consistencia de los datos.
- **Etiquetado de datos:** Etiquete los datos de entrenamiento con las variables objetivo o clases apropiadas para algoritmos de apren-

dizaje supervisado. Esto puede involucrar la anotación manual de muestras de datos o aprovechar el conocimiento del dominio existente para asignar etiquetas automáticamente. Asegúrese de que el proceso de etiquetado sea consistente y preciso.
- **Equilibrio de datos:** Asegúrese de que los datos de entrenamiento estén equilibrados en diferentes clases o categorías. Los datos desequilibrados pueden llevar a modelos sesgados que funcionan mal en clases subrepresentadas. Aplique técnicas como sobremuestreo, submuestreo o generación de datos sintéticos para abordar el desequilibrio de clases.
- **Ingeniería de características:** Extraiga características relevantes de los datos en bruto que puedan proporcionar información discriminativa para los modelos de IA. Esto puede implicar la creación de características derivadas, como medidas estadísticas o agregaciones basadas en el tiempo, o la aplicación de transformaciones específicas del dominio para capturar patrones significativos.
- **División de datos:** Divida los datos recopilados en conjuntos de entrenamiento, validación y prueba. El conjunto de entrenamiento se utiliza para entrenar los modelos de IA, el conjunto de validación se utiliza para ajustar los hiperparámetros y evaluar el rendimiento del modelo durante el desarrollo, y el conjunto de prueba se utiliza para evaluar el rendimiento final del modelo en datos no vistos.

2. Selección de algoritmos y marcos apropiados

Elegir los algoritmos y marcos adecuados es fundamental para construir modelos de IA efectivos en AIOps. La elección depende del dominio del problema, las características de los datos y los requisitos de rendimiento.

Aquí hay algunos algoritmos y marcos comunes utilizados en AIOps:

Algoritmos de detección de anomalías:

- **Métodos basados en densidad:** Local Outlier Factor (LOF), *Isolation Forest*
- **Métodos basados en clustering:** K-means, DBSCAN
- **Métodos estadísticos:** Modelos de mezclas gaussianas (GMM), SVM de una clase

Algoritmos de pronóstico y predicción:

- **Modelos de series temporales:** ARIMA, Prophet, LSTM
- **Modelos de regresión:** Regresión lineal, Regresión de bosque aleatorio, Regresión de *boosting* de gradiente

Algoritmos de análisis de causas raíz:

- Redes bayesianas
- Cadenas de Markov
- Árboles de decisión y bosques aleatorios

Algoritmos de procesamiento de lenguaje natural (NLP):

- **Clasificación de texto:** Naive Bayes, Máquinas de vectores de soporte (SVM), Redes neuronales convolucionales (CNN)
- **Reconocimiento de entidades nombradas (NER):** Campos aleatorios condicionales (CRF), Redes neuronales recurrentes (RNN)
- **Modelado de temas:** Asignación de Dirichlet latente (LDA), Fac-

torización de matriz no negativa (NMF)

Marcos de aprendizaje automático:

- **Scikit-learn:** Una biblioteca completa para aprendizaje automático en Python, que ofrece una amplia gama de algoritmos para clasificación, regresión, clustering y detección de anomalías.
- **TensorFlow:** Un marco de código abierto desarrollado por Google para construir y desplegar modelos de aprendizaje automático, con fuerte soporte para arquitecturas de aprendizaje profundo.
- **PyTorch:** Una biblioteca de aprendizaje automático de código abierto desarrollada por Facebook, conocida por sus gráficos computacionales dinámicos y facilidad de uso en investigación y experimentación.

Al seleccionar algoritmos y marcos, considere los siguientes factores:

- **Complejidad del problema:** Elija algoritmos que puedan manejar la complejidad del dominio del problema, como el manejo de datos de alta dimensionalidad, relaciones no lineales o dependencias temporales.
- **Interpretabilidad:** Considere los requisitos de interpretabilidad de los modelos de IA. Algunos algoritmos, como árboles de decisión o modelos lineales, son más interpretables y pueden proporcionar *insights* sobre el proceso de toma de decisiones, mientras que otros, como las redes neuronales profundas, son más opacos pero pueden capturar patrones complejos.
- **Escalabilidad:** Evalúe la escalabilidad de los algoritmos y marcos en términos de eficiencia computacional y la capacidad de manejar datos a gran escala. Considere marcos de computación distribuida como Apache Spark para procesar grandes volúmenes de datos.

- **Ecosistema y soporte de la comunidad:** Evalúe la madurez y el soporte de la comunidad de los marcos elegidos. Un ecosistema sólido con desarrollo activo, documentación completa y una comunidad de usuarios grande puede proporcionar recursos valiosos y soporte para la implementación y el mantenimiento de modelos de IA.

3. Sintonización de hiperparámetros y optimización del rendimiento del modelo

La sintonización de hiperparámetros es el proceso de seleccionar los valores óptimos para los hiperparámetros de un modelo de IA para maximizar su rendimiento. Los hiperparámetros son configuraciones ajustables que controlan el proceso de aprendizaje y la arquitectura del modelo, como la tasa de aprendizaje, la fuerza de regularización o el número de capas ocultas en una red neuronal.

Aquí hay algunas técnicas para la sintonización de hiperparámetros y la optimización del rendimiento del modelo:

- **Búsqueda en cuadrícula:** Buscar exhaustivamente a través de un subconjunto especificado del espacio de hiperparámetros. Esto implica definir una cuadrícula de hiperparámetros y evaluar el rendimiento del modelo en cada combinación. La búsqueda en cuadrícula puede ser computacionalmente costosa, pero asegura una exploración exhaustiva del espacio de hiperparámetros.
- **Búsqueda aleatoria:** Muestreo aleatorio de valores de hiperparámetros de una distribución definida. La búsqueda aleatoria

puede ser más eficiente que la búsqueda en cuadrícula, especialmente cuando se trata de espacios de hiperparámetros de alta dimensionalidad. Permite una exploración más amplia del espacio de hiperparámetros y a menudo puede encontrar buenas configuraciones de hiperparámetros con menos iteraciones.
- **Optimización bayesiana:** Utilizar un modelo probabilístico para guiar la búsqueda de hiperparámetros óptimos. La optimización bayesiana construye un modelo sustituto de la función objetivo (por ejemplo, el rendimiento del modelo) y utiliza una función de adquisición para determinar los siguientes valores de hiperparámetros a evaluar. Este enfoque puede ser más eficiente en términos de muestras que la búsqueda en cuadrícula o aleatoria.
- **Algoritmos evolutivos:** Utilizar principios inspirados en la evolución biológica para optimizar los hiperparámetros. Estos algoritmos evolucionan iterativamente una población de configuraciones de hiperparámetros, seleccionando las de mejor rendimiento y generando nuevas configuraciones mediante operaciones de mutación y cruce. Los algoritmos evolutivos pueden explorar efectivamente espacios complejos de hiperparámetros y encontrar soluciones casi óptimas.

Al sintonizar hiperparámetros, considere las siguientes mejores prácticas:

- **Defina una función objetivo clara:** Especifique una medida cuantitativa del rendimiento del modelo, como precisión, precisión, *recall* o puntaje F1, que se alinee con los objetivos del caso de uso de AIOps. Esta función objetivo guiará el proceso de sintonización de hiperparámetros.
- **Use validación cruzada:** Emplee técnicas como la validación cruzada k-fold para evaluar el rendimiento del modelo durante la

sintonización de hiperparámetros. La validación cruzada ayuda a estimar el rendimiento de generalización del modelo y reduce el riesgo de sobreajuste a los datos de entrenamiento.

- **Asigne recursos suficientes:** La sintonización de hiperparámetros puede ser intensiva en computación, especialmente para modelos complejos y grandes conjuntos de datos. Asigne recursos computacionales adecuados, como clústeres de computación distribuida o servicios en la nube, para realizar la sintonización de hiperparámetros de manera eficiente.
- **Monitoree y analice los resultados:** Lleve un registro de las configuraciones de hiperparámetros y sus métricas de rendimiento correspondientes durante el proceso de sintonización. Analice los resultados para obtener insights sobre el impacto de diferentes hiperparámetros en el rendimiento del modelo e identifique tendencias o patrones.
- **Itere y refine:** La sintonización de hiperparámetros es un proceso iterativo. Basado en los resultados y conocimientos obtenidos, refine el espacio de búsqueda de hiperparámetros, ajuste la estrategia de sintonización y realice iteraciones adicionales para optimizar aún más el rendimiento del modelo.

4. Validación y prueba de modelos en entornos de producción

La validación y prueba de modelos de IA en entornos de producción son cruciales para asegurar su confiabilidad, rendimiento y efectividad en escenarios del mundo real. Esto implica evaluar el comportamiento y las salidas del modelo bajo diversas condiciones y monitorear su rendimiento a lo largo del tiempo.

Aquí hay algunas consideraciones clave para la validación y prueba de modelos de IA en producción:

- **Validación fuera de línea:** Antes de desplegar el modelo en producción, realice una validación fuera de línea utilizando un conjunto de datos de prueba reservado. Evalúe las métricas de rendimiento del modelo, como precisión, precisión, *recall* y puntaje F1, para evaluar su capacidad de generalización e identificar posibles problemas o sesgos.
- **Pruebas en línea:** Introduzca gradualmente el modelo de IA en el entorno de producción a través de experimentos controlados o pruebas A/B. Esto permite una comparación lado a lado del rendimiento del modelo en comparación con el sistema existente o un modelo base. Monitoree los indicadores clave de rendimiento (KPI) y la retroalimentación de los usuarios para evaluar el impacto del modelo e identificar consecuencias no deseadas.
- **Monitoreo y registro:** Implemente mecanismos integrales de monitoreo y registro para rastrear el comportamiento y rendimiento del modelo en producción. Recopile métricas relevantes, como precisión de predicción, tiempos de respuesta y utilización de recursos, y configure alertas para anomalías o

desviaciones del comportamiento esperado.
- **Evaluación continua:** Evalúe regularmente el rendimiento del modelo utilizando datos del mundo real y retroalimentación de los usuarios. Monitoree el *drift* del concepto, donde la distribución o relaciones subyacentes de los datos cambian con el tiempo, lo que lleva a un rendimiento degradado del modelo. Establezca procesos para la evaluación continua del modelo y el reentrenamiento para adaptarse a los patrones de datos en evolución y mantener un rendimiento óptimo.
- **Explicabilidad e interpretabilidad:** Asegúrese de que los modelos de IA puedan explicar sus predicciones o decisiones, especialmente en dominios críticos o regulados. Utilice técnicas como análisis de importancia de características, árboles de decisión o mecanismos de atención para interpretar el comportamiento del modelo y obtener *insights* sobre su proceso de toma de decisiones.
- **Seguridad y privacidad:** Proteja los modelos de IA contra posibles amenazas de seguridad, como ataques adversariales o envenenamiento de datos. Implemente medidas para proteger los datos sensibles utilizados para el entrenamiento e inferencia y asegure el cumplimiento de las regulaciones de privacidad de datos relevantes, como GDPR o HIPAA.
- **Rollback y control de versiones:** Establezca mecanismos para volver a versiones anteriores del modelo de IA en caso de issues inesperados o degradación del rendimiento. Mantenga un sistema de control de versiones para el código, configuraciones y datos de entrenamiento del modelo para permitir la reproducibilidad y facilitar la depuración y resolución de problemas.
- **Colaboración y retroalimentación:** Fomente la colaboración entre científicos de datos, equipos de operaciones de TI y partes interesadas del negocio durante todo el proceso de validación y prueba. Anime la retroalimentación y aportes de expertos en el

dominio para evaluar las salidas del modelo e identificar posibles mejoras o áreas de preocupación.

Al seguir estas prácticas, las organizaciones pueden asegurar la confiabilidad, rendimiento y efectividad de los modelos de IA en entornos de producción, mitigando riesgos y maximizando el valor derivado de las implementaciones de AIOps.

En resumen, la construcción y entrenamiento de modelos de IA es un componente crítico de la implementación de AIOps. Involucra la recopilación y preparación de datos de entrenamiento de alta calidad, la selección de algoritmos y marcos apropiados basados en el dominio del problema y los requisitos, la sintonización de hiperparámetros para optimizar el rendimiento del modelo, y la validación y prueba exhaustiva de modelos en entornos de producción. Al seguir las mejores prácticas y aprovechar técnicas avanzadas, las organizaciones pueden desarrollar modelos de IA robustos y efectivos que impulsen la automatización inteligente, *insights* y toma de decisiones en operaciones de TI.

F. Asegurando la calidad y gobernanza de los datos

La calidad y gobernanza de los datos son consideraciones críticas al implementar AIOps. El éxito de AIOps depende en gran medida de la disponibilidad, precisión y confiabilidad de los datos utilizados para entrenar modelos de IA y generar *insights* operativos. Establecer estándares y políticas de datos, implementar procesos de limpieza y transformación de datos, y asegurar la seguridad de los datos y el cumplimiento de regulaciones son esenciales para garantizar la calidad y gobernanza de los datos en AIOps. En esta sección, exploraremos estos aspectos en detalle.

1. Establecimiento de estándares y políticas de datos

Establecer estándares y políticas de datos es fundamental para asegurar la calidad y consistencia de los datos en AIOps. Los estándares de datos definen la estructura, formato y semántica de los datos, mientras que las políticas de datos gobiernan los procesos y prácticas para la gestión, acceso y uso de los datos.

Aquí hay algunas consideraciones clave para establecer estándares y políticas de datos:

- **Definiciones y metadatos de datos:** Defina definiciones y metadatos de datos claros y consistentes en toda la organización. Esto incluye especificar tipos de datos, formatos, unidades de medida y significados semánticos. Las definiciones de datos estandarizadas aseguran que los datos se interpreten y utilicen de manera consistente en diferentes equipos y sistemas.
- **Dimensiones de calidad de datos:** Identifique las dimensiones clave de calidad de datos relevantes para AIOps, como precisión, integridad, puntualidad y consistencia. Establezca métricas y umbrales para cada dimensión para evaluar y monitorear los niveles de calidad de los datos. Defina procesos para medir y reportar la calidad de los datos para identificar áreas de mejora.
- **Marco de gobernanza de datos:** Desarrolle un marco integral de gobernanza de datos que describa los roles, responsabilidades y procesos para la gestión de datos en AIOps. Esto incluye definir la propiedad de los datos, la administración de los datos y los con-

troles de acceso. Establezca directrices claras para la recopilación, almacenamiento, procesamiento y compartición de datos para asegurar la integridad y consistencia de los datos.

- **Gestión del ciclo de vida de los datos:** Defina políticas y procedimientos para gestionar el ciclo de vida completo de los datos, desde la adquisición e ingestión de datos hasta la retención y archivo de datos. Especifique los periodos de retención de datos basados en requisitos legales, regulatorios y comerciales. Establezca procesos de respaldo, recuperación y eliminación de datos para asegurar la disponibilidad de datos y proteger contra la pérdida de datos.
- **Documentación y linaje de datos:** Mantenga documentación completa de las fuentes de datos, transformaciones y dependencias. El linaje de datos ayuda a entender el origen y flujo de los datos, habilitando la trazabilidad y facilitando el análisis de causas raíz en caso de issues de calidad de datos. Establezca procesos para documentar el linaje de datos y mantenerlo actualizado a medida que evolucionan los flujos de datos.
- **Monitoreo y reporte de calidad de datos:** Implemente mecanismos para el monitoreo y reporte continuo de la calidad de los datos. Configure verificaciones automáticas de calidad de datos y alertas para identificar anomalías, inconsistencias o desviaciones de los estándares definidos. Establezca procesos para investigar y resolver issues de calidad de datos de manera oportuna.

2. Implementación de procesos de limpieza y transformación de datos

La limpieza y transformación de datos son pasos esenciales para preparar datos para AIOps. Estos procesos implican identificar y corregir errores de datos, inconsistencias e incompletitud, y transformar los datos en un formato adecuado para el análisis y modelado.

Aquí hay algunas consideraciones clave para implementar procesos de limpieza y transformación de datos:

- **Perfilado de datos:** Realice un perfilado de datos para entender la estructura, contenido y calidad de los datos. El perfilado de datos ayuda a identificar patrones, distribuciones y anomalías en los datos, así como a evaluar la completitud y consistencia de los datos. Utilice herramientas de perfilado de datos para analizar los datos y generar informes de calidad.
- **Validación y verificación de datos:** Implemente técnicas de validación y verificación de datos para asegurar la precisión e integridad de los datos. Esto incluye verificar la correspondencia de tipos de datos, violaciones de rango y inconsistencias de formato. Defina reglas de validación basadas en requisitos comerciales y estándares de calidad de datos. Automatice los procesos de validación de datos para detectar y corregir errores temprano en la canalización de datos.
- **Técnicas de limpieza de datos:** Aplique técnicas adecuadas para abordar issues de calidad de datos. Esto puede incluir eliminar duplicados, corregir errores ortográficos, estandarizar formatos de datos y manejar datos faltantes o incompletos. Utilice herramientas y algoritmos de limpieza de datos para automatizar el proceso

y asegurar la consistencia.
- **Transformación y enriquecimiento de datos:** Transforme y enriquezca los datos para hacerlos adecuados para el análisis y modelado en AIOps. Esto puede involucrar la normalización de datos, agregación, extracción de características e integración. Utilice herramientas y marcos de transformación de datos, como Apache Spark o Python Pandas, para procesar y transformar grandes volúmenes de datos de manera eficiente.
- **Armonización e integración de datos:** Asegure la armonización e integración de datos de diferentes fuentes y sistemas. Establezca modelos y esquemas de datos comunes para habilitar una integración de datos sin problemas. Las técnicas de integración de datos, como ETL (Extract, Transform, Load) o ELT (Extract, Load, Transform), pueden utilizarse para combinar datos de múltiples fuentes en un formato unificado.
- **Bucle de retroalimentación de calidad de datos:** Implemente un bucle de retroalimentación para monitorear y mejorar continuamente la calidad de los datos. Recopile retroalimentación de los consumidores de datos, como científicos de datos y equipos de operaciones de TI, sobre problemas y requisitos de calidad de datos. Utilice esta retroalimentación para refinar los procesos de limpieza y transformación de datos y mejorar la calidad de los datos con el tiempo.

3. Aseguramiento de la seguridad de los datos y cumplimiento con regulaciones

La seguridad de los datos y el cumplimiento son aspectos críticos de la gobernanza de datos en AIOps. Asegurar la confidencialidad, integridad y disponibilidad de los datos y cumplir con las regulaciones y estándares relevantes es esencial para proteger información sensible y mantener la confianza.

Aquí hay algunas consideraciones clave para asegurar la seguridad de los datos y el cumplimiento:

- **Clasificación y sensibilidad de los datos:** Clasifique los datos según su sensibilidad y criticidad. Identifique información personal identificable (PII), información de salud protegida (PHI) y otros tipos de datos sensibles. Defina políticas de manejo y acceso a datos basadas en niveles de clasificación de datos. Implemente controles de seguridad y restricciones de acceso apropiados para datos sensibles.
- **Cifrado y anonimización de datos:** Implemente técnicas de cifrado para proteger datos en reposo y en tránsito. Utilice algoritmos de cifrado robustos y prácticas de gestión de claves para salvaguardar datos sensibles. Aplique técnicas de anonimización de datos, como tokenización o seudonimización, para proteger la privacidad individual mientras se habilita el análisis y modelado de datos.
- **Control de acceso y autenticación:** Establezca mecanismos robustos de control de acceso y autenticación para asegurar que solo el personal autorizado pueda acceder a datos sensibles. Implemente control de acceso basado en roles (RBAC) para otorgar permisos basados en funciones y responsabilidades laborales. Utilice aut-

enticación multifactor (MFA) para fortalecer la autenticación de usuarios y prevenir accesos no autorizados.
- **Prevención de pérdida de datos (DLP):** Implemente medidas para detectar y prevenir la exfiltración no autorizada de datos. Utilice herramientas de DLP para monitorear y controlar el movimiento de datos a través de los límites de la red y detectar posibles fugas. Establezca políticas y procedimientos para manejar brechas de datos y respuesta a incidentes.
- **Cumplimiento con regulaciones:** Asegure el cumplimiento con las regulaciones de protección de datos relevantes, como el Reglamento General de Protección de Datos (GDPR) para ciudadanos de la Unión Europea o la Ley de Portabilidad y Responsabilidad de Seguros de Salud (HIPAA) para información de salud protegida en los Estados Unidos. Entienda los requisitos específicos de estas regulaciones e implemente medidas adecuadas de protección de datos.
- **Evaluaciones de impacto de privacidad de datos (DPIA):** Realice evaluaciones de impacto de privacidad de datos para identificar y mitigar riesgos potenciales de privacidad asociados con proyectos de AIOps. Las DPIA ayudan a evaluar la necesidad y proporcionalidad del procesamiento de datos, evaluar los riesgos para los derechos y libertades individuales, y determinar salvaguardas adecuadas.
- **Auditorías y revisiones de gobernanza de datos:** Realice auditorías y revisiones regulares para evaluar la efectividad de las medidas de seguridad de datos y cumplimiento. Identifique brechas y áreas de mejora en las prácticas de manejo de datos. Involucre auditores externos o expertos en cumplimiento para proporcionar evaluaciones y recomendaciones independientes.
- **Capacitación y concienciación de empleados:** Proporcione programas regulares de capacitación y concienciación a los empleados

sobre mejores prácticas de seguridad de datos y cumplimiento. Eduque a los empleados sobre sus roles y responsabilidades en el manejo de datos sensibles y cumplimiento con regulaciones. Fomente una cultura de concienciación sobre la privacidad y seguridad de datos en toda la organización.

Al implementar prácticas completas de calidad y gobernanza de datos, las organizaciones pueden asegurar la confiabilidad, integridad y seguridad de los datos en AIOps. Establecer estándares y políticas de datos, implementar procesos de limpieza y transformación de datos, y asegurar la seguridad de los datos y el cumplimiento de regulaciones son esenciales para construir una base sólida para el éxito de AIOps.

En resumen, la calidad y gobernanza de los datos son pilares críticos de la implementación de AIOps. Establecer estándares y políticas de datos asegura la consistencia y confiabilidad de los datos en toda la organización. Implementar procesos de limpieza y transformación de datos ayuda a preparar los datos para el análisis y modelado, abordar issues de calidad de datos y asegurar la adecuación de los datos para AIOps. Asegurar la seguridad de los datos y el cumplimiento de regulaciones protege información sensible, mantiene la confianza y cumple con las obligaciones legales y éticas. Al priorizar la calidad y gobernanza de los datos, las organizaciones pueden desbloquear el pleno potencial de AIOps, generar *insights* precisos y tomar decisiones informadas basadas en datos confiables y seguros.

VI. Mejores Prácticas y Estudios de Caso

A. Lecciones aprendidas de los primeros adoptantes

A medida que AIOps sigue ganando terreno en la industria de TI, es crucial aprender de las experiencias de los primeros adoptantes. Estos pioneros han navegado por los desafíos y oportunidades asociados con la implementación de AIOps y tienen valiosos conocimientos para compartir. En esta sección, exploraremos las dificultades y desafíos comunes que enfrentaron los primeros adoptantes, las estrategias para superar la resistencia organizacional y las mejores prácticas para la gestión de datos y la gobernanza de modelos.

1. Problemas y desafíos comunes

Los primeros adoptantes de AIOps han encontrado varios problemas y desafíos a lo largo de su camino. Comprender y anticipar estos obstáculos puede ayudar a las organizaciones a prepararse mejor para sus propias implementaciones de AIOps. Algunos problemas y desafíos comunes incluyen:

- **Falta de objetivos claros y criterios de éxito:** Uno de los desafíos más significativos es la ausencia de objetivos y criterios de éxito bien definidos para las iniciativas de AIOps. Sin una comprensión clara de lo que se pretende lograr y cómo se medirá el éxito, las organizaciones luchan por alinear sus esfuerzos y demostrar el valor de sus inversiones. Es esencial establecer objetivos y métricas SMART (específicos, medibles, alcanzables, relevantes y con límite de tiempo) desde el principio.
- **Problemas de calidad e integración de datos:** AIOps depende en gran medida de la disponibilidad y calidad de los datos de diversas fuentes. Los primeros adoptantes a menudo subestiman la complejidad y el esfuerzo necesarios para integrar y armonizar datos de sistemas dispares y garantizar su precisión, integridad y puntualidad. La mala calidad de los datos puede llevar a información inexacta, toma de decisiones defectuosa y erosión de la confianza en AIOps. Invertir en prácticas robustas de gobernanza de datos y marcos de integración de datos es crucial para el éxito.
- **Brechas de habilidades y escasez de talento:** Implementar AIOps requiere un conjunto diverso de habilidades, incluyendo ciencia de datos, aprendizaje automático, operaciones de TI y experiencia en el dominio. Los primeros adoptantes a menudo enfrentan desafíos para encontrar y retener talento con las habilidades necesarias. La escasez de profesionales calificados puede obstaculizar el progreso y la escalabilidad de las iniciativas de AIOps. Las organizaciones necesitan invertir en la mejora de las habilidades del personal existente, colaborar con instituciones académicas y desarrollar estrategias atractivas de adquisición y retención de talento.
- **Sistemas heredados y deuda técnica:** Muchos primeros adoptantes tienen dificultades para integrar AIOps en entornos de TI heredados cargados con deuda técnica. Los sistemas obsoletos, las arquitecturas monolíticas y la falta de estandarización pueden rep-

resentar obstáculos significativos en la recopilación, integración y automatización de datos. Modernizar y simplificar el panorama de TI a menudo es un requisito previo para la adopción exitosa de AIOps. Esto requiere una planificación cuidadosa, enfoques incrementales y una colaboración estrecha entre los equipos de operaciones de TI y desarrollo.
- **Silos organizacionales y resistencia al cambio:** AIOps a menudo requiere descomponer los silos organizacionales y fomentar la colaboración multifuncional. Los primeros adoptantes han encontrado resistencia de equipos acostumbrados a trabajar de forma aislada y reacios a adoptar nuevas formas de trabajo. Superar esta resistencia requiere un liderazgo fuerte, una gestión del cambio efectiva y una cultura de mejora continua. Construir una visión compartida, promover la transparencia y demostrar los beneficios de AIOps puede ayudar a alinear la organización.

2. Estrategias para superar la resistencia organizacional

Implementar AIOps a menudo implica cambios significativos en los procesos, roles y cultura dentro de una organización. La resistencia al cambio es un desafío común que enfrentan los primeros adoptantes. Aquí hay algunas estrategias para superar la resistencia organizacional:

- **Asegurar el patrocinio y apoyo ejecutivo:** Obtener el respaldo de los líderes ejecutivos es crucial para superar la resistencia organizacional. Los primeros adoptantes enfatizan la importancia de tener un patrocinador ejecutivo fuerte que entienda el valor estratégico de AIOps y pueda defender la iniciativa en toda la organización. El apoyo ejecutivo ayuda a alinear prioridades, asignar recursos y promover el cambio cultural.

- **Comunicar la visión y los beneficios:** Comunicar claramente la visión y los beneficios de AIOps es esencial para obtener el apoyo de los interesados. Los primeros adoptantes recomiendan desarrollar una narrativa convincente que resalte el impacto potencial de AIOps en los objetivos comerciales clave, como mejorar la calidad del servicio, reducir el tiempo de inactividad y mejorar la experiencia del cliente. Compartir historias de éxito y estudios de caso de otras organizaciones puede ayudar a demostrar el valor tangible de AIOps.

- **Involucrar a los interesados desde el principio:** Involucrar a los interesados de diversas funciones, como operaciones de TI, desarrollo, negocios y seguridad, desde el principio en el viaje de AIOps es crucial para construir un sentido de propiedad y compromiso. Los primeros adoptantes enfatizan la importancia de realizar talleres, demostraciones y proyectos piloto para recopilar opiniones, abordar preocupaciones e incorporar comentarios. Los enfoques colaborativos fomentan un sentido de responsabilidad compartida y reducen la resistencia al cambio.

- **Proporcionar formación y apoyo:** Invertir en programas integrales de formación y apoyo es esencial para superar la resistencia y permitir la adopción de AIOps. Los primeros adoptantes recomiendan desarrollar currículos de formación personalizados que cubran tanto habilidades técnicas, como ciencia de datos y aprendizaje automático, como habilidades blandas, como comunicación y colaboración. Proporcionar apoyo continuo a través de mentoría, comunidades de práctica y plataformas de intercambio de conocimientos puede ayudar a construir confianza y experiencia.

- **Comenzar con proyectos pequeños y escalar de forma incremental:** Intentar implementar AIOps en toda la organización

VI. MEJORES PRÁCTICAS Y ESTUDIOS DE CASO

de una sola vez puede resultar abrumador y generar resistencia. Los primeros adoptantes recomiendan comenzar con proyectos pequeños y enfocados que ofrezcan victorias rápidas y demuestren valor. Al adoptar un enfoque incremental, las organizaciones pueden generar impulso, aprender de los éxitos y fracasos iniciales y ampliar gradualmente AIOps a casos de uso y equipos más amplios.

3. Mejores prácticas para la gestión de datos y la gobernanza de modelos

Una gestión eficaz de datos y una gobernanza adecuada de modelos son fundamentales para el éxito y la sostenibilidad de las iniciativas de AIOps. Los primeros adoptantes han identificado varias mejores prácticas en estas áreas:

- **Establecer marcos de gobernanza de datos:** Implementar marcos de gobernanza de datos robustos es esencial para garantizar la calidad, consistencia y seguridad de los datos en AIOps. Los primeros adoptantes recomiendan definir políticas claras de propiedad de datos, administración y acceso. Establecer métricas de calidad de datos, procesos de monitoreo y procedimientos de remediación puede ayudar a identificar y abordar problemas de datos de manera proactiva. Las auditorías y revisiones regulares de datos pueden asegurar el cumplimiento de los requisitos regulatorios y estándares organizacionales.
- **Desarrollar tuberías de desarrollo y despliegue de modelos:** Implementar tuberías estandarizadas y automatizadas de desarrollo y

despliegue de modelos puede ayudar a garantizar la confiabilidad, reproducibilidad y escalabilidad de los modelos de AIOps. Los primeros adoptantes recomiendan adoptar prácticas como control de versiones, pruebas y CI/CD (integración y entrega continuas) para el desarrollo de modelos. Establecer directrices claras para la validación de modelos, el monitoreo del rendimiento y la reentrenamiento puede ayudar a mantener la precisión y relevancia del modelo con el tiempo.

- **Implementar la explicabilidad y transparencia de los modelos:** A medida que los modelos de AIOps se vuelven más complejos e influyentes en la toma de decisiones, garantizar su explicabilidad y transparencia se vuelve crucial. Los primeros adoptantes enfatizan la importancia de implementar técnicas como análisis de importancia de características, árboles de decisiones y explicaciones agnósticas del modelo para proporcionar información sobre el comportamiento del modelo. Documentar las suposiciones del modelo, las limitaciones y los sesgos potenciales puede ayudar a construir confianza y responsabilidad.
- **Establecer comités de gobernanza de modelos:** Crear comités de gobernanza de modelos multifuncionales puede ayudar a proporcionar supervisión y orientación para las iniciativas de AIOps. Los primeros adoptantes recomiendan incluir representantes de operaciones de TI, ciencia de datos, negocios, legal y ética en estos comités. Los comités pueden revisar el rendimiento del modelo, evaluar riesgos y sesgos potenciales y asegurar la alineación con los valores y objetivos organizacionales. Las revisiones y auditorías regulares pueden ayudar a identificar áreas de mejora y garantizar el uso responsable y ético de AIOps.
- **Fomentar una cultura de aprendizaje y mejora continua:** AIOps es un campo en evolución y las mejores prácticas continúan surgiendo a medida que las organizaciones ganan más experiencia.

VI. MEJORES PRÁCTICAS Y ESTUDIOS DE CASO

Los primeros adoptantes enfatizan la importancia de fomentar una cultura de aprendizaje y mejora continua. Alentar la experimentación, compartir lecciones aprendidas y colaborar con comunidades externas puede ayudar a mantenerse al día con los últimos avances y adaptarse a las necesidades cambiantes. Las retrospectivas regulares y los ciclos de retroalimentación pueden ayudar a identificar áreas de optimización y promover mejoras incrementales.

En resumen, los primeros adoptantes de AIOps tienen valiosas lecciones para compartir basadas en sus experiencias. Las organizaciones pueden aprender de sus éxitos y desafíos para prepararse mejor para sus propios viajes de AIOps. Los problemas y desafíos comunes

incluyen la falta de objetivos claros, problemas de calidad e integración de datos, brechas de habilidades, sistemas heredados y resistencia organizacional. Las estrategias para superar la resistencia incluyen asegurar el apoyo ejecutivo, comunicar la visión y los beneficios, involucrar a los interesados desde el principio, proporcionar formación y apoyo y comenzar con proyectos pequeños. Las mejores prácticas para la gestión de datos y la gobernanza de modelos incluyen establecer marcos de gobernanza de datos, desarrollar tuberías de modelos, implementar la explicabilidad de modelos, establecer comités de gobernanza y fomentar una cultura de mejora continua. Al aprovechar estos conocimientos y mejores prácticas, las organizaciones pueden acelerar su adopción de AIOps y maximizar el valor derivado de sus iniciativas.

B. Estrategias para superar desafíos comunes

Implementar AIOps conlleva una serie de desafíos, desde complejidades técnicas hasta obstáculos organizacionales. En esta sección, exploraremos estrategias para superar desafíos comunes, como lidiar con silos de datos e inconsistencias, gestionar la complejidad de entornos multi-nube e híbridos, y asegurar la explicabilidad y transparencia de los modelos de IA.

1. Lidiar con silos de datos e inconsistencias

Los silos de datos y las inconsistencias son desafíos prevalentes en muchas organizaciones, dificultando la implementación efectiva de AIOps. Los silos de datos ocurren cuando los datos están aislados dentro de diferentes departamentos, sistemas o aplicaciones, lo que dificulta su integración y análisis de manera holística. Las inconsistencias surgen cuando los formatos, definiciones o la calidad de los datos varían entre diferentes fuentes, lo que lleva a discrepancias e inexactitudes en el análisis y la toma de decisiones.

Aquí hay algunas estrategias para lidiar con silos de datos e inconsistencias:

- **Establecer una arquitectura de datos unificada:** Desarrollar una arquitectura de datos unificada es crucial para descomponer silos de datos y permitir una integración fluida de datos. Esto implica diseñar un repositorio de datos centralizado, como un lago de datos o un almacén de datos, que pueda ingerir y almacenar datos de

diversas fuentes en un formato estandarizado. Una arquitectura de datos bien definida proporciona una única fuente de verdad y facilita el intercambio y análisis de datos en toda la organización.
- **Implementar marcos de integración de datos:** Adoptar marcos robustos de integración de datos puede ayudar a automatizar el proceso de extracción, transformación y carga (ETL) de datos desde fuentes dispares al repositorio de datos unificado. Estos marcos deben admitir diversos formatos de datos, protocolos y API, y manejar tareas de validación, limpieza y enriquecimiento de datos. Herramientas como Apache NiFi, Talend o Informatica pueden utilizarse para fines de integración de datos.
- **Definir y hacer cumplir estándares de datos:** Establecer y hacer cumplir estándares de datos a nivel organizacional es esencial para garantizar la consistencia y calidad de los datos. Esto implica definir modelos de datos comunes, esquemas y taxonomías que gobiernen cómo se estructuran, formatean e interpretan los datos en diferentes sistemas y aplicaciones. Los estándares de datos deben estar bien documentados, controlados por versiones y comunicados a todas las partes interesadas relevantes.
- **Implementar verificaciones y monitoreo de calidad de datos:** Implementar procesos automatizados de verificación y monitoreo de calidad de datos puede ayudar a identificar y resolver inconsistencias y errores de datos de manera proactiva. Esto implica definir reglas de calidad de datos, umbrales y métricas, y validar regularmente los datos contra estos criterios. Herramientas como Talend Data Quality, Informatica Data Quality o Apache Griffin pueden usarse para la gestión de la calidad de los datos.
- **Fomentar una cultura de colaboración de datos:** Fomentar una cultura de colaboración e intercambio de datos en la organización es crucial para descomponer silos de datos. Esto implica promover la comunicación interfuncional, establecer consejos de

gobernanza de datos y proporcionar incentivos para compartir y reutilizar datos. Las cumbres de datos, hackatones o talleres regulares pueden ayudar a fomentar un sentido de propiedad y responsabilidad compartida por los activos de datos.

2. Gestionar la complejidad de entornos multi-nube e híbridos

Muchas organizaciones hoy en día operan en entornos multi-nube e híbridos, aprovechando una combinación de infraestructura local y múltiples plataformas en la nube. Gestionar la complejidad de estos entornos heterogéneos plantea desafíos significativos para AIOps, ya que requiere integrar y orquestar datos, flujos de trabajo y herramientas a través de diferentes sistemas y plataformas.

Aquí hay algunas estrategias para gestionar la complejidad de entornos multi-nube e híbridos:

- **Adoptar una plataforma de monitoreo y observabilidad unificada:** Implementar una plataforma de monitoreo y observabilidad unificada que pueda recopilar, correlacionar y analizar datos de diversas fuentes en entornos multi-nube e híbridos es esencial para AIOps efectivo. Plataformas como Dynatrace, Datadog o New Relic proporcionan capacidades de monitoreo integrales, permitiendo visibilidad e información de extremo a extremo en toda la pila de TI.
- **Aprovechar tecnologías y servicios nativos de la nube:** Adoptar tecnologías y servicios nativos de la nube puede ayudar a abstraer

las complejidades subyacentes de los entornos multi-nube e híbridos. Plataformas de contenedorización como Kubernetes, marcos de computación sin servidor como AWS Lambda o Azure Functions, y servicios de bases de datos administrados como Amazon RDS o Google Cloud SQL pueden proporcionar experiencias de implementación y gestión consistentes y escalables a través de diferentes proveedores de nube.

- **Implementar prácticas de infraestructura como código (IaC):** Adoptar prácticas de infraestructura como código (IaC) puede ayudar a automatizar la provisión, configuración y gestión de infraestructura en entornos multi-nube e híbridos. Herramientas como Terraform, AWS CloudFormation o Azure Resource Manager permiten definir y controlar versiones de recursos de infraestructura utilizando plantillas declarativas, asegurando consistencia y reproducibilidad a través de diferentes entornos.
- **Establecer un sistema de gestión de configuración centralizado:** Implementar un sistema de gestión de configuración centralizado puede ayudar a gestionar la deriva de configuración y asegurar el estado deseado de infraestructura y aplicaciones en entornos multi-nube e híbridos. Herramientas como Puppet, Chef o Ansible pueden utilizarse para definir y hacer cumplir políticas de configuración, y automatizar el despliegue y actualizaciones de software y configuraciones.
- **Implementar un marco de gobernanza multi-nube:** Establecer un marco de gobernanza multi-nube es crucial para asegurar la aplicación consistente de políticas, estándares y mejores prácticas a través de diferentes plataformas en la nube. Esto implica definir roles y responsabilidades, controles de acceso, directrices de seguridad y cumplimiento, y estrategias de optimización de costos. Las plataformas de gestión de nube como CloudHealth, Cloudability o VMware CloudHealth pueden ayudar a hacer cumplir

las políticas de gobernanza y proporcionar información sobre la utilización y costos de recursos.

3. Asegurar la explicabilidad y transparencia de los modelos de IA

A medida que los modelos de IA se vuelven más complejos e influyentes en los procesos de toma de decisiones, asegurar su explicabilidad y transparencia se vuelve crucial para construir confianza, responsabilidad y equidad en AIOps. La explicabilidad se refiere a la capacidad de entender e interpretar el razonamiento detrás de las predicciones y decisiones del modelo, mientras que la transparencia implica proporcionar información sobre los datos, algoritmos y procesos utilizados para desarrollar y desplegar modelos.

Aquí hay algunas estrategias para asegurar la explicabilidad y transparencia de los modelos de IA:

- **Implementar técnicas de interpretabilidad de modelos:** Adoptar técnicas de interpretabilidad de modelos puede ayudar a proporcionar información sobre los factores que influyen en las predicciones y decisiones del modelo. Técnicas como el análisis de importancia de características, gráficos de dependencia parcial o SHAP (SHapley Additive exPlanations) pueden utilizarse para identificar las características de entrada más significativas y su impacto en las salidas del modelo. Estas técnicas pueden aplicarse tanto a modelos de caja negra (p. ej., redes neuronales profundas) como a modelos interpretables (p. ej., árboles de decisiones).

VI. MEJORES PRÁCTICAS Y ESTUDIOS DE CASO

- **Usar arquitecturas de modelos interpretables:** Elegir arquitecturas de modelos interpretables, como árboles de decisiones, sistemas basados en reglas o modelos lineales, puede proporcionar explicabilidad inherente al permitir a los usuarios seguir el proceso de toma de decisiones paso a paso. Aunque estos modelos pueden sacrificar algo de precisión predictiva en comparación con modelos más complejos, ofrecen una representación clara y comprensible de la lógica subyacente.
- **Documentar procesos de desarrollo y despliegue de modelos:** Mantener una documentación completa de los procesos de desarrollo y despliegue de modelos es esencial para asegurar la transparencia y reproducibilidad. Esto implica capturar información sobre las fuentes de datos, pasos de preprocesamiento, técnicas de ingeniería de características, criterios de selección de modelos, métodos de ajuste de hiperparámetros y métricas de rendimiento. Los sistemas de control de versiones como Git pueden utilizarse para rastrear cambios y mantener un historial de iteraciones del modelo.
- **Realizar auditorías y evaluaciones de modelos:** Realizar auditorías y evaluaciones regulares de modelos puede ayudar a identificar posibles sesgos, errores o vulnerabilidades en los modelos de IA. Esto implica validar el rendimiento del modelo en conjuntos de datos diversos, probar para detectar imparcialidad y discriminación, y realizar análisis de sensibilidad para comprender el impacto de las variaciones de entrada en las salidas del modelo. Las auditorías de terceros independientes pueden proporcionar una evaluación imparcial de la explicabilidad y transparencia del modelo.
- **Involucrar a las partes interesadas en el desarrollo y validación de modelos:** Involucrar a las partes interesadas relevantes, como expertos en el dominio, usuarios comerciales y usuarios finales, en

los procesos de desarrollo y validación de modelos puede ayudar a asegurar la alineación del comportamiento del modelo con el conocimiento del dominio y las expectativas de los usuarios. Los enfoques colaborativos, como el diseño participativo o el diseño centrado en el usuario, pueden facilitar la incorporación de retroalimentación y conocimientos de los usuarios en el desarrollo y mejora del modelo.

- **Proporcionar interfaces amigables para la exploración de modelos:** Desarrollar interfaces y visualizaciones amigables que permitan a los usuarios explorar e interactuar con los modelos de IA puede mejorar su comprensión y confianza en las predicciones y decisiones del modelo. Los paneles interactivos, interfaces de consulta o chatbots pueden proporcionar formas intuitivas para que los usuarios hagan preguntas, prueben escenarios y reciban explicaciones sobre el comportamiento del modelo.

En resumen, superar los desafíos comunes en AIOps requiere una combinación de soluciones técnicas y estrategias organizacionales. Lidiar con silos de datos e inconsistencias implica establecer una arquitectura de datos unificada, implementar marcos de integración de datos, definir estándares de datos y fomentar una cultura de colaboración de datos. Gestionar la complejidad de entornos multi-nube e híbridos requiere adoptar plataformas de monitoreo unificadas, aprovechar tecnologías nativas de la nube, implementar prácticas de infraestructura como código y establecer marcos de gobernanza multi-nube. Asegurar la explicabilidad y transparencia de los modelos de IA implica implementar técnicas de interpretabilidad de modelos, usar arquitecturas de modelos interpretables, documentar procesos de desarrollo de modelos, realizar auditorías de modelos, involucrar a las partes interesadas y proporcionar interfaces amigables para la exploración de modelos. Al aplicar estas estrategias, las organizaciones pueden navegar efectivamente los desafíos asociados con AIOps y realizar el potencial completo de las operaciones de TI impulsadas por IA.

C. Medición y demostración del ROI

Medir y demostrar el retorno de la inversión (ROI) de las iniciativas de AIOps es crucial para justificar la inversión, asegurar el apoyo continuo y promover la mejora continua. Esto implica establecer líneas base y puntos de referencia, rastrear mejoras en indicadores clave de rendimiento (KPI) y cuantificar el impacto empresarial y los ahorros de costos. En esta sección, exploraremos estos aspectos en detalle, proporcionando conocimientos y mejores prácticas para medir y comunicar efectivamente el valor de AIOps.

1. Establecer líneas base y puntos de referencia

Para medir con precisión el impacto y el ROI de AIOps, es esencial establecer líneas base y puntos de referencia claros. Las líneas base representan el estado actual de las operaciones de TI antes de la implementación de AIOps, mientras que los puntos de referencia proporcionan un punto de referencia para comparar el rendimiento con los estándares de la industria o las mejores prácticas.

Aquí hay algunos pasos para establecer líneas base y puntos de referencia:

- **Definir métricas clave y KPI:** Identificar las métricas y KPI más relevantes y significativos que se alineen con los objetivos de las iniciativas de AIOps. Estos pueden incluir métricas relacionadas con el tiempo de resolución de incidentes, disponibilidad del sistema, rendimiento, satisfacción del cliente o eficiencia operativa. Involucrar a las partes interesadas de operaciones de TI, negocios y finanzas para asegurar que las métricas seleccionadas capturen todo el espectro de impacto de AIOps.
- **Recopilar datos históricos:** Recopilar datos históricos sobre las métricas y KPI seleccionados para un período representativo antes de la implementación de AIOps. Estos datos servirán como línea base para medir mejoras y calcular el ROI. Asegurar que los datos sean precisos, completos y consistentes entre diferentes sistemas y fuentes. Usar técnicas de integración y gestión de calidad de datos para abordar cualquier brecha o inconsistencia.
- **Establecer objetivos de rendimiento:** Establecer objetivos de rendimiento realistas y alcanzables para cada métrica y KPI basados en los datos históricos, puntos de referencia de la industria y objetivos empresariales. Estos objetivos deben representar el estado deseado de las operaciones de TI después de la implementación de AIOps. Colaborar con las partes interesadas para alinear los objetivos con las metas y prioridades organizacionales.
- **Documentar la línea base y los objetivos:** Crear un documento integral que capture los valores de la línea base, los objetivos de rendimiento y las suposiciones asociadas para cada métrica y KPI. Este documento servirá como punto de referencia para rastrear el progreso y comunicar el valor de las iniciativas de AIOps a las partes interesadas. Asegurar que el documento sea fácilmente accesible y se actualice regularmente para reflejar cualquier cambio o refinamiento.
- **Identificar puntos de referencia relevantes:** Investigar e iden-

VI. MEJORES PRÁCTICAS Y ESTUDIOS DE CASO

tificar puntos de referencia de la industria o mejores prácticas relevantes que puedan proporcionar un punto de comparación para las métricas y KPI seleccionados. Estos puntos de referencia pueden obtenerse de informes de la industria, firmas de analistas u organizaciones pares. Considerar factores como el sector de la industria, el tamaño de la empresa y la madurez tecnológica al seleccionar puntos de referencia apropiados.

2. Rastrear mejoras en indicadores clave de rendimiento (KPI)

Una vez establecidas las líneas base y los puntos de referencia, es crucial rastrear y medir continuamente las mejoras en los KPI seleccionados. Esto implica implementar un marco robusto de monitoreo e informes que capture el impacto de las iniciativas de AIOps a lo largo del tiempo.

Aquí hay algunas estrategias para rastrear mejoras en KPI:

- **Implementar recopilación de datos automatizada:** Automatizar el proceso de recopilación y agregación de datos relacionados con los KPI seleccionados desde varios sistemas y fuentes. Esto puede lograrse mediante el uso de herramientas de monitoreo, plataformas de gestión de registros o tuberías de integración de datos. La recopilación automatizada de datos asegura la precisión, oportunidad y consistencia de los datos, reduciendo el esfuerzo manual y los errores.
- **Establecer un panel de informes centralizado:** Crear un panel de informes centralizado que proporcione una vista única de los KPI

seleccionados y su rendimiento en comparación con los valores de la línea base y los objetivos. El panel debe ser intuitivo, visualmente atractivo y fácilmente accesible para las partes interesadas. Usar técnicas de visualización de datos, como gráficos, diagramas de barras y mapas de calor, para comunicar efectivamente las tendencias y los conocimientos.

- **Realizar revisiones de rendimiento regulares:** Programar revisiones de rendimiento regulares con las partes interesadas relevantes para discutir el progreso e impacto de las iniciativas de AIOps. Estas revisiones deben centrarse en analizar las tendencias y patrones en los KPI, identificar áreas de mejora y definir planes de acción para abordar cualquier brecha o desafío. Documentar los hallazgos clave y decisiones de las revisiones y compartirlos con la organización en general.

- **Implementar detección de anomalías y alertas:** Aprovechar las técnicas de IA y aprendizaje automático para detectar automáticamente anomalías o desviaciones en los KPI que puedan indicar posibles problemas u oportunidades. Implementar un mecanismo de alertas que notifique a las partes interesadas relevantes cuando se excedan umbrales o condiciones predefinidas. Este enfoque proactivo permite la identificación y resolución oportuna de problemas de rendimiento.

- **Correlacionar los KPI con los resultados empresariales:** Analizar las relaciones y correlaciones entre los KPI seleccionados y los resultados empresariales clave, como ingresos, satisfacción del cliente o eficiencia operativa. Este análisis ayuda a demostrar el impacto más amplio de las iniciativas de AIOps en la organización y a alinear las operaciones de TI con los objetivos empresariales. Usar técnicas estadísticas, como análisis de regresión o modelos de aprendizaje automático, para cuantificar la fuerza y significancia de estas relaciones.

3. Cuantificar el impacto empresarial y los ahorros de costos

Para demostrar efectivamente el ROI de las iniciativas de AIOps, es esencial cuantificar el impacto empresarial y los ahorros de costos en términos tangibles y monetarios. Esto implica traducir las mejoras en KPI en métricas financieras que resuenen con las partes interesadas empresariales y los responsables de la toma de decisiones.

Aquí hay algunos enfoques para cuantificar el impacto empresarial y los ahorros de costos:

- **Calcular los ahorros de costos:** Identificar los ahorros de costos directos e indirectos resultantes de las iniciativas de AIOps. Los ahorros de costos directos pueden incluir la reducción de costos de infraestructura, la optimización de la utilización de recursos o la eliminación de redundancias. Los ahorros de costos indirectos pueden incluir la reducción de tiempo de inactividad, la mejora de la productividad o la prevención de penalizaciones. Usar datos históricos y modelos financieros para estimar el valor monetario de estos ahorros durante un período específico.
- **Estimar el impacto en los ingresos:** Analizar el impacto potencial en los ingresos de las iniciativas de AIOps considerando factores como la mejora de la disponibilidad del sistema, la resolución más rápida de incidentes o la mejora de la experiencia del cliente. Usar datos históricos, comentarios de clientes o puntos de referencia de la industria para estimar los ingresos incrementales generados o la pérdida de ingresos prevenidos debido a AIOps. Considerar tanto los impactos en los ingresos a corto como a largo plazo.
- **Cuantificar las ganancias de productividad:** Evaluar las ganancias

de productividad logradas a través de las iniciativas de AIOps, como la reducción del esfuerzo manual, los procesos automatizados o la mejora de la colaboración. Estimar el tiempo ahorrado por los equipos de operaciones de TI y traducirlo en valor monetario equivalente utilizando tarifas horarias promedio o costos totalmente cargados. Considerar el impacto en cascada de las ganancias de productividad en otras funciones o proyectos empresariales.

- **Realizar análisis de costo-beneficio:** Realizar un análisis integral de costo-beneficio que compare los costos totales de implementar y mantener las iniciativas de AIOps con los beneficios cuantificados, como los ahorros de costos, el impacto en los ingresos y las ganancias de productividad. Usar métricas financieras, como el valor presente neto (VPN), el retorno de la inversión (ROI) o el período de recuperación, para evaluar la viabilidad económica y la justificación de las inversiones en AIOps.
- **Comunicar los resultados efectivamente:** Desarrollar materiales de comunicación claros y concisos que articulen el impacto empresarial cuantificado y los ahorros de costos de las iniciativas de AIOps. Usar formatos visualmente atractivos y fácilmente comprensibles, como resúmenes ejecutivos, infografías o presentaciones, para transmitir los mensajes y conocimientos clave. Adaptar la comunicación a las necesidades y preferencias específicas de diferentes grupos de interés, como liderazgo de TI, ejecutivos empresariales o equipos financieros.
- **Refinar y actualizar continuamente el análisis:** Revisar y actualizar regularmente la cuantificación del impacto empresarial y los ahorros de costos basados en los datos e información más recientes. Incorporar comentarios y aportes de las partes interesadas para refinar las suposiciones, modelos y cálculos. Adaptar el análisis a las prioridades empresariales cambiantes, condiciones del mercado o avances tecnológicos para asegurar la relevancia y precisión

VI. MEJORES PRÁCTICAS Y ESTUDIOS DE CASO

continua.

En resumen, medir y demostrar el ROI de las iniciativas de AIOps es un aspecto crucial para la implementación y adopción exitosa. Esto implica establecer líneas base y puntos de referencia, rastrear mejoras en indicadores clave de rendimiento (KPI) y cuantificar el impacto empresarial y los ahorros de costos. Al definir métricas relevantes, recopilar datos precisos, establecer objetivos de rendimiento y aprovechar puntos de referencia de la industria, las organizaciones pueden establecer una base sólida para medir el impacto de AIOps. El rastreo continuo y la presentación de informes de los KPI mediante la recopilación automatizada de datos, paneles centralizados y revisiones de rendimiento regulares permiten la identificación oportuna de mejoras y áreas de optimización. Cuantificar el impacto empresarial y los ahorros de costos en términos de ahorros de costos directos e indirectos, impacto en los ingresos, ganancias de productividad y análisis de costo-beneficio ayuda a articular el valor tangible de AIOps a las partes interesadas empresariales. La comunicación efectiva y la refinación continua del análisis aseguran la alineación continua con las prioridades empresariales y la toma de decisiones. Al seguir estas mejores prácticas, las organizaciones pueden demostrar el ROI convincente de las iniciativas de AIOps y asegurar el apoyo y los recursos necesarios para el éxito a largo plazo.

D. Historias de éxito y estudios de caso del mundo real

Las historias de éxito y los estudios de caso del mundo real proporcionan conocimientos valiosos e inspiración para las organizaciones que se embarcan en su viaje de AIOps. Muestran las aplicaciones prácticas y los beneficios tangibles de AIOps en diferentes industrias y contextos. En esta sección, exploraremos ejemplos de implementaciones exitosas de AIOps, realizaremos un análisis detallado de los problemas resueltos y los resultados obtenidos, y derivaremos lecciones aprendidas y recomendaciones para otras organizaciones.

1. Ejemplos de implementaciones exitosas de AIOps en diferentes industrias

AIOps ha sido implementado con éxito en diversas industrias, demostrando su versatilidad y potencial para impulsar mejoras significativas en las operaciones de TI y los resultados empresariales. Aquí hay algunos ejemplos notables:

a. Servicios Financieros:

- **JPMorgan Chase:** Implementó una plataforma de AIOps para monitorear y gestionar su infraestructura de TI global, que consta de más de 30,000 servidores y 40,000 aplicaciones. La plataforma permitió la detección proactiva de incidentes, redujo el tiempo promedio de resolución (MTTR) y mejoró la disponibilidad del sistema, resultando en ahorros anuales de $50 millones.

VI. MEJORES PRÁCTICAS Y ESTUDIOS DE CASO

- **Bank of America:** Desplegó una solución de AIOps para optimizar su proceso de gestión de incidentes, aprovechando algoritmos de aprendizaje automático para categorizar y priorizar incidentes automáticamente. La solución redujo el tiempo promedio de resolución de incidentes en un 30% y aumentó las tasas de resolución en el primer intento en un 25%, mejorando la satisfacción del cliente y la eficiencia operativa.

b. Salud:

- **Philips Healthcare:** Implementó una plataforma de AIOps para monitorear y optimizar el rendimiento de sus dispositivos médicos y sistemas de software. La plataforma utilizó análisis predictivos para identificar problemas potenciales antes de que impactaran en la atención al paciente, reduciendo el tiempo de inactividad no planificado en un 25% y mejorando la efectividad general del equipo (OEE) en un 15%.
- **Mount Sinai Health System:** Desplegó una solución de AIOps para agilizar sus operaciones de TI y apoyar su rápida expansión. La solución permitió la correlación automática de eventos, el análisis de causas raíz y la remediación, reduciendo el tiempo promedio para detectar y resolver incidentes en un 40% y mejorando la productividad del personal de TI en un 30%.

c. Telecomunicaciones:

- **Verizon:** Implementó una plataforma de AIOps para gestionar su extensa infraestructura de red, que sirve a más de 120 millones de clientes. La plataforma aprovechó algoritmos de aprendizaje

automático para predecir y prevenir interrupciones de la red, reduciendo el número de incidentes que impactan a los clientes en un 30% y mejorando la disponibilidad de la red al 99.999%.
- **Vodafone:** Desplegó una solución de AIOps para optimizar el rendimiento de su red móvil y la experiencia del cliente. La solución utilizó análisis en tiempo real y automatización para asignar dinámicamente recursos de red basados en patrones de tráfico y comportamiento del usuario, reduciendo la congestión de la red en un 40% y mejorando las puntuaciones de satisfacción del cliente en un 20%.

d. Comercio minorista y comercio electrónico:

- **Walmart:** Implementó una plataforma de AIOps para monitorear y optimizar el rendimiento de su sitio web de comercio electrónico y aplicaciones móviles, manejando más de 100 millones de visitantes mensuales. La plataforma permitió la detección y resolución proactiva de problemas de rendimiento, reduciendo los tiempos de carga de la página en un 25% y aumentando las tasas de conversión en un 15%.
- **Amazon:** Desplegó una solución de AIOps para gestionar su enorme infraestructura de TI global, apoyando su mercado en línea, servicios en la nube y operaciones logísticas. La solución utilizó algoritmos de aprendizaje automático para predecir los requisitos de capacidad, optimizar la utilización de recursos y automatizar la respuesta a incidentes, resultando en una reducción del 30% en los costos operativos y una mejora del 40% en la disponibilidad del sistema.

2. Análisis detallado de los problemas resueltos y los resultados obtenidos

Veamos más de cerca uno de los casos de éxito mencionados anteriormente y realicemos un análisis detallado de los problemas resueltos y los resultados obtenidos.

Estudio de Caso: JPMorgan Chase

Antecedentes:

JPMorgan Chase, una empresa líder en servicios financieros globales, enfrentaba desafíos significativos en la gestión de su extensa infraestructura de TI, que constaba de más de 30,000 servidores y 40,000 aplicaciones. La complejidad y escala de la infraestructura dificultaban la identificación y resolución proactiva de problemas de rendimiento, lo que conducía a interrupciones frecuentes, tiempos de inactividad prolongados y costos operativos incrementados.

Problemas Abordados:

a. **Gestión reactiva de incidentes:** El equipo de operaciones de TI luchaba por mantenerse al día con el volumen y la complejidad de los incidentes, a menudo confiando en procesos manuales y herramientas aisladas para la correlación de eventos y el análisis de causas raíz. Este enfoque reactivo resultaba en tiempos de resolución de incidentes prolongados y aumento de los tiempos de inactividad.

b. **Falta de visibilidad y conocimientos:** Las herramientas de monitoreo y fuentes de datos dispares dificultaban obtener una vista holística del entorno de TI y derivar conocimientos accionables. La falta de visibilidad en tiempo real y análisis predictivos obstaculizaba la identificación proactiva de problemas y oportunidades de optimización.

c. Utilización ineficiente de recursos: Los procesos manuales y que consumen tiempo para la planificación de capacidad y asignación de recursos llevaban a una sobreprovisión y subutilización de recursos de TI. Esta ineficiencia resultaba en costos operativos incrementados y rendimiento subóptimo.

Solución Implementada:

JPMorgan Chase implementó una plataforma de AIOps que integraba datos de varias herramientas de monitoreo y fuentes de registros, proporcionando una vista centralizada y unificada del entorno de TI. La plataforma aprovechó algoritmos de aprendizaje automático para la correlación de eventos en tiempo real, detección de anomalías y análisis de causas raíz. También utilizó análisis predictivos para prever los requisitos de capacidad y optimizar la asignación de recursos.

Las características clave de la plataforma de AIOps incluían:

- Correlación y supresión automática de eventos, reduciendo el ruido y priorizando incidentes críticos.
- Detección predictiva de anomalías, identificando problemas potenciales antes de que impactaran en los servicios.
- Análisis inteligente de causas raíz, proporcionando conocimientos accionables para la resolución rápida de problemas.
- Pronóstico y optimización de capacidad, asegurando la utilización óptima de recursos y eficiencia de costos.
- Capacidades de autocuración, activando automáticamente ac-

ciones de remediación basadas en políticas predefinidas.

Resultados Obtenidos:

a. **Mejora de la disponibilidad del sistema:** La plataforma de AIOps permitió la detección proactiva de incidentes y la resolución rápida, reduciendo el tiempo promedio de resolución (MTTR) en un 60%. Esto resultó en una mejora significativa en la disponibilidad del sistema, minimizando los tiempos de inactividad y asegurando la entrega continua de servicios.

b. **Mejora de la eficiencia operativa:** La automatización e inteligencia proporcionada por la plataforma de AIOps agilizó los procesos de operaciones de TI, reduciendo el esfuerzo manual y aumentando la productividad del personal. La plataforma permitió una reducción del 40% en el número de incidentes que requerían intervención manual, permitiendo al equipo de TI centrarse en tareas de mayor valor e iniciativas estratégicas.

c. **Ahorros de costos:** La optimización de la utilización de recursos y la reducción del esfuerzo manual condujeron a ahorros de costos significativos. La plataforma de AIOps ayudó a JPMorgan Chase a ahorrar aproximadamente $50 millones anualmente al mejorar la planificación de capacidad, reducir la sobreprovisión y minimizar el impacto de las interrupciones.

d. **Mejora de la satisfacción del cliente:** La mejora de la disponibilidad del sistema y la resolución proactiva de problemas habilitada por la plataforma de AIOps contribuyeron directamente a mejorar la satisfacción del cliente. La reducción de las interrupciones del servicio y la resolución más rápida de problemas impactaron positivamente en la experiencia y lealtad del cliente.

3. Lecciones aprendidas y recomendaciones para otras organizaciones

Basado en las historias de éxito y los estudios de caso discutidos, aquí hay algunas lecciones clave aprendidas y recomendaciones para organizaciones que consideran implementaciones de AIOps:

a. Comenzar con una visión y estrategia claras: Definir los objetivos específicos y los resultados deseados de la iniciativa de AIOps. Alinear la implementación con las metas generales de TI y de negocio de la organización. Desarrollar una hoja de ruta que describa el enfoque por fases, hitos y métricas de éxito.

b. Invertir en calidad e integración de datos: Asegurar la precisión, completitud y consistencia de los datos utilizados para AIOps. Establecer prácticas de gobernanza de datos e invertir en tecnologías de integración de datos para descomponer silos y crear una vista unificada del entorno de TI.

c. Elegir las herramientas y plataformas adecuadas: Evaluar y seleccionar herramientas y plataformas de AIOps que se alineen con los requisitos, la infraestructura existente y las habilidades de la organización. Considerar factores como escalabilidad, flexibilidad, facilidad de uso y capacidades de integración. Realizar proyectos de prueba de concepto (POC) para validar las herramientas seleccionadas antes de la implementación a gran escala.

VI. MEJORES PRÁCTICAS Y ESTUDIOS DE CASO

d. Fomentar la colaboración y el desarrollo de habilidades: Promover la colaboración interfuncional entre equipos de operaciones de TI, desarrollo y negocios. Proporcionar oportunidades de capacitación y desarrollo de habilidades para permitir que el personal aproveche eficazmente las capacidades de AIOps. Fomentar una cultura de aprendizaje continuo y experimentación.

e. Establecer gobernanza y responsabilidad: Definir roles, responsabilidades y procesos de toma de decisiones claros para las iniciativas de AIOps. Establecer marcos de gobernanza para asegurar la alineación con las políticas organizacionales y los requisitos de cumplimiento. Asignar propiedad y responsabilidad para métricas y resultados clave.

f. Iterar y escalar incrementalmente: Comenzar con casos de uso enfocados y expandir gradualmente el alcance de la implementación de AIOps. Adoptar un enfoque iterativo, aprendiendo de cada fase y refinando procesos y algoritmos en consecuencia. Escalar la implementación incrementalmente, considerando la preparación y madurez organizacional.

g. Medir y comunicar valor: Establecer líneas base y rastrear indicadores clave de rendimiento (KPI) para cuantificar el impacto de AIOps. Comunicar el valor y los beneficios logrados a las partes interesadas a través de informes y paneles regulares. Celebrar éxitos y compartir lecciones aprendidas para impulsar la mejora continua.

h. Adoptar el cambio y la mejora continua: Reconocer que la implementación de AIOps es un viaje en lugar de un proyecto único. Adoptar una cultura de cambio y mejora continua, adaptando procesos y tecnologías a medida que evoluciona el entorno de TI. Evaluar regularmente la efectividad de las iniciativas de AIOps y realizar los ajustes necesarios.

Al aprender de las historias de éxito y adoptar estas recomendaciones, las organizaciones pueden aumentar la probabilidad de una implementación exitosa de AIOps. Es esencial adaptar el enfoque según el contexto, las prioridades y las limitaciones específicas de cada organización, al tiempo que se aprovechan las mejores prácticas y metodologías probadas.

En resumen, las historias de éxito y los estudios de caso del mundo real proporcionan conocimientos valiosos sobre las aplicaciones prácticas y los beneficios de AIOps en diferentes industrias. Los ejemplos discutidos, como JPMorgan Chase, Bank of America, Philips Healthcare y Walmart, demuestran los resultados tangibles logrados a través de implementaciones de AIOps, incluidos mejoras en la disponibilidad del sistema, la eficiencia operativa, los ahorros de costos y la satisfacción del cliente. Un análisis detallado del estudio de caso de JPMorgan Chase destaca los problemas específicos abordados, la solución de AIOps implementada y los resultados significativos obtenidos. Las lecciones aprendidas y las recomendaciones derivadas de estas historias de éxito sirven como guía para las organizaciones que se embarcan en su propio viaje de AIOps. Al adoptar mejores prácticas, fomentar la colaboración, iterar incrementalmente y medir el valor, las organizaciones pueden maximizar el potencial de AIOps para transformar sus operaciones de TI e impulsar el éxito empresarial.

VII. El Futuro de AIOps

A. Tendencias y tecnologías emergentes

A medida que AIOps continúa evolucionando y madurando, es crucial mantenerse informado sobre las tendencias y tecnologías emergentes que darán forma a su futuro. En esta sección, exploraremos el impacto potencial de la computación en el borde y la integración de IoT, la realidad aumentada y los asistentes virtuales, las tecnologías de blockchain y los libros de contabilidad distribuidos, y la computación cuántica en el futuro de AIOps.

1. Computación en el borde e integración de IoT

La computación en el borde y el Internet de las Cosas (IoT) son dos tendencias significativas que se espera tengan un impacto profundo en el futuro de AIOps. La computación en el borde implica procesar datos más cerca de la fuente, en el borde de la red, en lugar de transmitirlos a centros de datos centralizados. Este enfoque reduce la latencia, mejora la toma de decisiones en tiempo real y optimiza la utilización del ancho de banda.

La integración de la computación en el borde con AIOps permite el despliegue de modelos de IA y aprendizaje automático directamente en dispositivos de borde, como sensores IoT, puertas de enlace y sistemas integrados. Esto permite el procesamiento de datos en tiempo real, la detección de anomalías y el mantenimiento predictivo en el punto de generación de datos. Al aprovechar la computación en el borde, AIOps puede proporcionar *insights* más rápidos, reducir la congestión de la red y permitir la toma de decisiones autónoma en entornos IoT.

Algunos beneficios y aplicaciones clave de la computación en el borde y la integración de IoT en AIOps incluyen:

- **Mantenimiento predictivo:** Los modelos de AIOps basados en el borde pueden monitorear continuamente la salud y el rendimiento de los dispositivos IoT y equipos industriales, detectando anomalías y prediciendo fallas potenciales en tiempo real. Esto permite un mantenimiento proactivo, reduciendo el tiempo de inactividad y optimizando la utilización de los activos.
- **Monitoreo y control en tiempo real:** La computación en el borde permite el procesamiento en tiempo real de los datos de sensores IoT, habilitando alertas instantáneas y acciones de control automatizadas. Los modelos de AIOps desplegados en el borde pueden detectar eventos críticos, como fallos de equipos o violaciones de seguridad, y desencadenar acciones de remediación inmediatas.
- **Toma de decisiones autónoma:** Al integrar la computación en el borde con AIOps, los dispositivos IoT pueden tomar decisiones autónomas basadas en datos procesados localmente y modelos de IA. Esto permite que los dispositivos inteligentes se adapten a las condiciones cambiantes, optimicen el rendimiento y respondan a

emergencias sin depender de sistemas de control centralizados.
- **Escalabilidad y resiliencia:** La computación en el borde distribuye la carga de procesamiento a través de múltiples nodos de borde, reduciendo la carga en la infraestructura centralizada. Esto mejora la escalabilidad y la resiliencia de los sistemas de AIOps, permitiéndoles manejar el volumen y la velocidad masivos de datos de IoT.

Para aprovechar al máximo el potencial de la computación en el borde y la integración de IoT en AIOps, las organizaciones deben abordar desafíos como la seguridad de los datos, la gestión de dispositivos y el despliegue de modelos en el borde. Tecnologías emergentes como las redes 5G, la contenedorización y los marcos de IA en el borde desempeñarán un papel crucial en la habilitación de una integración sin problemas y un despliegue eficiente de modelos de AIOps en entornos de borde.

2. Realidad aumentada y asistentes virtuales

La realidad aumentada (AR) y los asistentes virtuales son tecnologías emergentes que tienen el potencial de revolucionar la forma en que los profesionales de TI interactúan con los sistemas de AIOps. AR superpone información digital en el mundo real, proporcionando *insights* y orientación contextuales, mientras que los asistentes virtuales habilitan interacciones en lenguaje natural y automatización inteligente.

La integración de AR y asistentes virtuales con AIOps puede mejorar la conciencia situacional, simplificar los procesos de solución de problemas y mejorar la experiencia del usuario de los equipos de operaciones de TI. Aquí hay algunas aplicaciones y beneficios clave:

- **Visualización inmersiva:** AR puede proporcionar visualizaciones inmersivas de la infraestructura de TI, superponiendo métricas de rendimiento en tiempo real, alertas y recomendaciones sobre dispositivos físicos o representaciones virtuales. Esto permite a los profesionales de TI identificar rápidamente problemas, navegar sistemas complejos y acceder a información relevante de manera intuitiva.
- **Solución de problemas guiada:** Las soluciones de AIOps basadas en AR pueden guiar a los profesionales de TI a través de procedimientos paso a paso de solución de problemas, mostrando instrucciones, diagramas y datos en vivo directamente en su campo de visión. Esto reduce el tiempo y el esfuerzo necesarios para diagnosticar y resolver problemas, especialmente en sistemas complejos o desconocidos.
- **Colaboración remota:** AR permite la colaboración remota entre equipos de TI, permitiendo a expertos proporcionar orientación y apoyo desde cualquier lugar del mundo. Al compartir vistas y anotaciones de AR, los equipos pueden colaborar efectivamente en la resolución de problemas, el intercambio de conocimientos y la capacitación.
- **Interfaces conversacionales:** Los asistentes virtuales impulsados por el procesamiento del lenguaje natural (NLP) y el aprendizaje automático pueden proporcionar interfaces conversacionales para interactuar con los sistemas de AIOps. Los profesionales de TI pueden hacer preguntas, solicitar *insights* e iniciar acciones utilizando comandos en lenguaje natural, reduciendo la curva de aprendizaje y mejorando la eficiencia de las operaciones de TI.
- **Automatización inteligente:** Los asistentes virtuales pueden

aprovechar los *insights* y recomendaciones generados por los modelos de AIOps para automatizar tareas rutinarias y procesos de toma de decisiones. Al comprender el contexto y la intención de las solicitudes del usuario, los asistentes virtuales pueden desencadenar flujos de trabajo de automatización apropiados, liberando a los profesionales de TI para que se concentren en actividades de mayor valor.

Para realizar el potencial completo de AR y asistentes virtuales en AIOps, las organizaciones deben invertir en el desarrollo de interfaces de usuario intuitivas, modelos robustos de NLP e integración sin problemas con las plataformas de AIOps existentes. Los avances en visión por computadora, reconocimiento de voz y comprensión del lenguaje natural mejorarán aún más las capacidades y la usabilidad de AR y asistentes virtuales en operaciones de TI.

3. Blockchain y tecnologías de libros de contabilidad distribuidos

Las tecnologías de *blockchain* y libros de contabilidad distribuidos (DLT) tienen el potencial de transformar varios aspectos de las operaciones de TI, incluyendo la integridad de los datos, la confianza y la automatización. Al aprovechar la naturaleza descentralizada e inmutable de *blockchain*, AIOps puede beneficiarse de una mayor seguridad, transparencia y resiliencia.

Aquí hay algunas aplicaciones y beneficios clave de *blockchain* y DLT en AIOps:

- **Intercambio seguro de datos:** *Blockchain* permite el intercambio seguro e inalterable de datos entre múltiples partes, sin depender de una autoridad centralizada. Esto es particularmente relevante para escenarios de AIOps que involucran entornos de múltiples nubes, donde los datos necesitan ser compartidos y sincronizados de manera segura a través de diferentes plataformas y proveedores.
- **Modelos de IA confiables:** *Blockchain* puede proporcionar un registro transparente y auditable de los datos de entrenamiento, parámetros de modelos y métricas de rendimiento de los modelos de IA utilizados en AIOps. Esto mejora la confiabilidad y explicabilidad de las decisiones impulsadas por IA, permitiendo a las partes interesadas verificar la integridad y equidad de los modelos.
- **Automatización de contratos inteligentes:** Los contratos inteligentes, que son contratos autoejecutables con los términos del acuerdo directamente escritos en código, pueden automatizar varios procesos de operaciones de TI. Por ejemplo, los contratos inteligentes pueden desencadenar automáticamente acciones de respuesta a incidentes, actualizar configuraciones o hacer cumplir políticas de cumplimiento basadas en condiciones predefinidas e *insights* de AIOps.
- **Gestión descentralizada de identidad y acceso:** Los sistemas de gestión de identidad y acceso basados en *blockchain* pueden proporcionar autenticación y autorización segura y descentralizada para recursos de TI y plataformas de AIOps. Esto elimina la necesidad de proveedores de identidad centralizados y permite el control de acceso granular basado en credenciales y permisos verificables.
- **Trazabilidad de la cadena de suministro:** *Blockchain* puede proporcionar trazabilidad de extremo a extremo y procedencia de activos de TI, como componentes de hardware, licencias de software y conjuntos de datos utilizados en AIOps. Esto ayuda a garantizar la autenticidad, calidad y cumplimiento de los recursos, reduciendo

el riesgo de componentes falsificados o no autorizados.

Para aprovechar plenamente el potencial de *blockchain* y DLT en AIOps, las organizaciones deben abordar desafíos como la escalabilidad, interoperabilidad y cumplimiento normativo. El desarrollo de plataformas de *blockchain* a nivel empresarial, estándares para el intercambio de datos e integración con herramientas de AIOps existentes será crucial para una adopción generalizada.

4. La computación cuántica y su impacto potencial en la IA

La computación cuántica, que aprovecha los principios de la mecánica cuántica para realizar cálculos complejos, tiene el potencial de revolucionar el campo de la IA y, en consecuencia, AIOps. Aunque aún en las primeras etapas de desarrollo, la computación cuántica promete resolver ciertos problemas que son intratables para las computadoras clásicas, particularmente en áreas como la optimización, la simulación y el aprendizaje automático.

Aquí hay algunos impactos potenciales de la computación cuántica en la IA y AIOps:

- **Entrenamiento de IA más rápido y eficiente:** Los algoritmos cuánticos, como el algoritmo Harrow-Hassidim-Lloyd (HHL), pueden potencialmente acelerar el entrenamiento de ciertos tipos de modelos de IA, particularmente aquellos que involucran operaciones de álgebra lineal. Esto podría permitir el desarrollo de modelos más complejos y precisos para AIOps, reduciendo el tiempo y los recursos computacionales necesarios para el entrenamiento.

- **Optimización y programación mejoradas:** Los algoritmos de optimización cuántica, como el Algoritmo de Optimización Aproximada Cuántica (QAOA), pueden potencialmente encontrar soluciones casi óptimas a problemas de optimización complejos más rápido que los algoritmos clásicos. Esto podría aplicarse a varios escenarios de AIOps, como la asignación de recursos, la programación de trabajos y la optimización de redes, permitiendo una toma de decisiones más eficiente y efectiva.
- **Detección de anomalías y reconocimiento de patrones mejorados:** Los algoritmos de aprendizaje automático cuántico, como las máquinas de soporte vectorial cuánticas (QSVM) y las máquinas de Boltzmann cuánticas (QBM), pueden potencialmente mejorar el rendimiento de las tareas de detección de anomalías y reconocimiento de patrones en AIOps. Al aprovechar las propiedades únicas de los sistemas cuánticos, estos algoritmos podrían identificar patrones sutiles y anomalías que son difíciles de detectar utilizando métodos clásicos.
- **Simulación y modelado mejorados por cuántica:** Las computadoras cuánticas destacan en la simulación de sistemas complejos, como reacciones químicas y propiedades de materiales. En el contexto de AIOps, la simulación cuántica podría utilizarse para modelar y predecir el comportamiento de sistemas de TI bajo diversas condiciones, permitiendo una planificación proactiva de capacidad y evaluación de riesgos.
- **Seguridad y privacidad criptográficas:** Las computadoras cuánticas representan una amenaza para ciertos algoritmos criptográficos, como RSA y la criptografía de curva elíptica, que son ampliamente utilizados para la comunicación segura y la protección de datos. Sin embargo, la computación cuántica también permite el desarrollo de esquemas criptográficos resistentes a cuánticos, como la criptografía basada en redes y la distribución de claves

cuánticas, que pueden mejorar la seguridad y privacidad de los sistemas de AIOps.

Aunque el impacto potencial de la computación cuántica en la IA y AIOps es significativo, es importante señalar que las computadoras cuánticas aún están en la etapa experimental, y las aplicaciones prácticas pueden estar a varios años de distancia. Las organizaciones deben monitorear el progreso de la investigación en computación cuántica, evaluar las posibles implicaciones para sus estrategias de AIOps y explorar oportunidades para enfoques híbridos cuántico-clásicos a corto plazo.

En resumen, el futuro de AIOps estará determinado por una gama de tendencias y tecnologías emergentes, incluyendo la computación en el borde y la integración de IoT, la realidad aumentada y los asistentes virtuales, las tecnologías de *blockchain* y los libros de contabilidad distribuidos, y la computación cuántica. La computación en el borde y la integración de IoT permitirán el procesamiento de datos en tiempo real, la toma de decisiones autónoma y el despliegue escalable de AIOps. La realidad aumentada y los asistentes virtuales mejorarán la conciencia situacional, simplificarán la resolución de problemas y mejorarán la experiencia del usuario de los equipos de operaciones de TI. Las tecnologías de *blockchain* y los libros de contabilidad distribuidos proporcionarán un intercambio de datos seguro, modelos de IA confiables y la ejecución automatizada de contratos inteligentes. La computación cuántica, aunque aún en las primeras etapas, tiene el potencial de revolucionar el entrenamiento de IA, la optimización, la detección de anomalías y la simulación en AIOps.

Para capitalizar estas tendencias y tecnologías emergentes, las organizaciones deben adoptar un enfoque proactivo y estratégico para AIOps.

Esto implica mantenerse informado sobre los últimos desarrollos, evaluar el impacto potencial en las operaciones de TI e invertir en las habilidades, herramientas y asociaciones necesarias. Al adoptar la innovación y el aprendizaje continuo, las organizaciones pueden posicionarse a la vanguardia de la revolución de AIOps y desbloquear nuevas oportunidades para la eficiencia, la agilidad y la creación de valor.

B. Impacto potencial en las operaciones de TI y los resultados comerciales

A medida que AIOps continúa evolucionando y madurando, está destinado a tener un impacto profundo en las operaciones de TI y los resultados comerciales. En esta sección, exploraremos los posibles cambios hacia operaciones proactivas y predictivas, el mayor enfoque en la experiencia del usuario y el valor comercial, y la aparición de nuevos roles y conjuntos de habilidades en la era de AIOps.

1. Cambio hacia operaciones proactivas y predictivas

Uno de los impactos más significativos de AIOps en las operaciones de TI es el cambio de enfoques reactivos a enfoques proactivos y predictivos. Tradicionalmente, los equipos de TI han confiado en un modelo de reparación y solución de problemas, respondiendo a incidentes y problemas después de que han ocurrido. Sin embargo, con la llegada de AIOps, las organizaciones pueden aprovechar la IA y el aprendizaje automático para anticipar y prevenir problemas antes de que afecten a los usuarios y los procesos comerciales.

Aquí hay algunos aspectos clave del cambio hacia operaciones proactivas y predictivas:

- **Mantenimiento predictivo:** AIOps permite a las organizaciones predecir fallas potenciales y degradaciones del rendimiento de la infraestructura de TI y las aplicaciones. Al analizar datos históricos, métricas en tiempo real y modelos de aprendizaje automático, las plataformas de AIOps pueden identificar patrones y anomalías que indican problemas inminentes. Esto permite a los equipos de TI programar actividades de mantenimiento de manera proactiva, reemplazar componentes u optimizar configuraciones para prevenir tiempos de inactividad y garantizar la continuidad del servicio.
- **Pronóstico y optimización de capacidad:** AIOps capacita a las organizaciones para prever los requisitos futuros de recursos y optimizar la planificación de capacidad basada en tendencias históricas, proyecciones comerciales y algoritmos de aprendizaje automático. Al predecir con precisión los patrones de demanda y uso, los equipos de TI pueden escalar la infraestructura de manera proactiva y asignar recursos para satisfacer las necesidades en evolución. Esto ayuda a evitar la sobreaprovisionamiento o la subutilización de recursos, reduciendo costos y garantizando un rendimiento óptimo.
- **Remediación automatizada y auto-recuperación:** AIOps habilita la automatización de acciones de remediación y procesos de auto-recuperación. Cuando se detectan posibles problemas o anomalías, las plataformas de AIOps pueden desencadenar automáticamente flujos de trabajo de remediación predefinidos o utilizar modelos de aprendizaje automático para determinar el curso de acción más

efectivo. Esto puede incluir reiniciar servicios, escalar recursos, aplicar parches o reconfigurar ajustes. La remediación automatizada reduce el tiempo medio de resolución (MTTR) y minimiza el impacto de los incidentes en los usuarios finales.

- **Optimización y mejora continua:** AIOps facilita la optimización y mejora continua de las operaciones de TI. Al monitorear y analizar constantemente el comportamiento del sistema, las plataformas de AIOps pueden identificar oportunidades para ajustar el rendimiento, optimizar recursos y agilizar procesos. Los algoritmos de aprendizaje automático pueden proporcionar recomendaciones para cambios en la configuración, ubicación de cargas de trabajo o ajustes de capacidad basados en datos históricos e *insights* en tiempo real. Esto permite a los equipos de TI refinar y mejorar continuamente sus operaciones, impulsando la eficiencia y la innovación.

El cambio hacia operaciones proactivas y predictivas representa una transformación fundamental en la forma en que los equipos de TI abordan la entrega de servicios y la gestión de incidentes. Al aprovechar AIOps, las organizaciones pueden reducir la frecuencia e impacto de los incidentes, mejorar la confiabilidad y el rendimiento del servicio y liberar al personal de TI para que se concentre en actividades de mayor valor que impulsen el crecimiento y la innovación empresarial.

2. Mayor enfoque en la experiencia del usuario y el valor comercial

Otro impacto significativo de AIOps en las operaciones de TI es el mayor enfoque en la experiencia del usuario y el valor comercial. A medida que las organizaciones se vuelven cada vez más digitales y centradas en el cliente, el éxito de las operaciones de TI se mide no solo por métricas técnicas, sino también por la calidad de la experiencia del usuario y la alineación con los objetivos comerciales.

Aquí hay algunos aspectos clave del mayor enfoque en la experiencia del usuario y el valor comercial:

- **Visibilidad de servicios de extremo a extremo:** AIOps proporciona visibilidad de extremo a extremo del rendimiento y la salud de los servicios de TI desde la perspectiva del usuario. Al correlacionar datos de diversas fuentes, como registros de aplicaciones, métricas de red y análisis de sentimientos de los usuarios, las plataformas de AIOps pueden proporcionar una vista holística de la experiencia del usuario. Esto permite a los equipos de TI identificar y abordar de manera proactiva problemas que afectan la satisfacción del usuario, como tiempos de respuesta lentos, errores o inconsistencias en diferentes canales.
- **Análisis del impacto comercial:** AIOps permite a las organizaciones cuantificar el impacto de los incidentes de TI y los problemas de rendimiento en los resultados comerciales. Al integrar métricas comerciales, como ingresos, tasas de conversión o puntuaciones de satisfacción del cliente, con datos operativos de TI, las plataformas de AIOps pueden proporcionar *insights* sobre la correlación entre el rendimiento del sistema y los resultados comerciales. Esto ayuda

a los equipos de TI a priorizar incidentes y asignar recursos en función de su impacto potencial en los resultados comerciales, asegurando que se aborden de manera rápida los problemas más críticos.

- **Servicios personalizados y conscientes del contexto:** AIOps capacita a las organizaciones para ofrecer servicios personalizados y conscientes del contexto a los usuarios. Al analizar el comportamiento del usuario, las preferencias y el contexto, las plataformas de AIOps pueden proporcionar recomendaciones personalizadas, soporte proactivo y automatización inteligente. Por ejemplo, AIOps puede predecir las necesidades del usuario en función de sus patrones históricos y ofrecer de manera proactiva información, recursos o asistencia relevantes. Esto mejora la experiencia del usuario, aumenta la satisfacción y fomenta la lealtad del cliente.
- **Alineación con los objetivos comerciales:** AIOps ayuda a alinear las operaciones de TI con los objetivos y prioridades comerciales. Al proporcionar *insights* sobre el impacto del rendimiento de TI en los resultados comerciales, AIOps facilita una mejor colaboración y toma de decisiones entre las partes interesadas de TI y del negocio. Los equipos de TI pueden priorizar iniciativas, inversiones y recursos en función de su potencial para entregar valor comercial. Esto asegura que las operaciones de TI no solo sean eficientes y confiables, sino también estratégicas y con impacto.

El mayor enfoque en la experiencia del usuario y el valor comercial representa un cambio en la mentalidad y el enfoque de las operaciones de TI. Al aprovechar AIOps, las organizaciones pueden pasar de una visión centrada en la tecnología a una perspectiva centrada en el usuario y alineada con los negocios. Esto permite a los equipos de TI convertirse en verdaderos socios en la conducción de la transformación digital, la innovación y la ventaja competitiva.

3. Aparición de nuevos roles y conjuntos de habilidades

La adopción de AIOps no solo está transformando los procesos de operaciones de TI, sino también remodelando los roles y conjuntos de habilidades necesarios para tener éxito en esta nueva era. A medida que la IA y el aprendizaje automático se convierten en partes integrales de las operaciones de TI, están surgiendo nuevos roles y competencias para respaldar la implementación, gestión y mejora continua de las soluciones de AIOps.

Aquí hay algunos ejemplos de nuevos roles y conjuntos de habilidades que están ganando prominencia en la era de AIOps:

- **Ingeniero de AIOps:** Un ingeniero de AIOps es responsable de diseñar, implementar y mantener plataformas y soluciones de AIOps. Poseen una combinación de experiencia en operaciones de TI, conocimientos de IA/ML y habilidades de programación. Los ingenieros de AIOps colaboran con equipos multifuncionales para integrar las capacidades de AIOps en los procesos de TI existentes, desarrollar flujos de trabajo de automatización y optimizar modelos de IA para casos de uso específicos. También aseguran la escalabilidad, el rendimiento y la confiabilidad de las implementaciones de AIOps.
- **Científico de datos:** Los científicos de datos juegan un papel crucial en el ecosistema de AIOps al aprovechar análisis avanzados, modelado estadístico y técnicas de aprendizaje automático para extraer *insights* e impulsar la toma de decisiones basada en datos. Trabajan

estrechamente con equipos de operaciones de TI para comprender los requisitos comerciales, identificar fuentes de datos relevantes y desarrollar modelos predictivos para la detección de anomalías, planificación de capacidad y optimización del rendimiento. Los científicos de datos también colaboran con ingenieros de AIOps para integrar modelos de IA en plataformas de AIOps y monitorear y refinar continuamente el rendimiento de los modelos.

- **Analista de AIOps:** Los analistas de AIOps son responsables de interpretar y actuar según los *insights* generados por las plataformas de AIOps. Poseen fuertes habilidades analíticas, conocimiento del dominio y habilidades para resolver problemas. Los analistas de AIOps monitorean los tableros de AIOps, investigan anomalías y alertas y proporcionan recomendaciones para acciones de remediación. Colaboran con equipos de operaciones de TI para identificar oportunidades de mejora, optimizar procesos y garantizar la efectividad de las soluciones de AIOps.
- **Ingeniero de fiabilidad del sitio (SRE):** La ingeniería de fiabilidad del sitio es una disciplina que combina prácticas de ingeniería de software y operaciones de TI para garantizar la fiabilidad, escalabilidad y rendimiento de sistemas a gran escala. En la era de AIOps, los SRE aprovechan las capacidades de AIOps para automatizar tareas operativas, monitorear la salud del sistema e identificar y resolver problemas de manera proactiva. Los SRE poseen un profundo conocimiento de la arquitectura del sistema, el desarrollo de software y las herramientas de automatización, y colaboran con equipos de AIOps para implementar y optimizar soluciones de AIOps.

Además de estos roles específicos, la adopción de AIOps requiere que los profesionales de TI desarrollen nuevos conjuntos de habilidades y competencias, tales como:

- **Alfabetización en IA/ML:** Comprender los fundamentos de la IA y el aprendizaje automático, incluidos los algoritmos, la preprocesamiento de datos, el entrenamiento de modelos y la evaluación.
- **Ingeniería de datos:** Competencia en integración de datos, almacenamiento de datos y tuberías de datos para apoyar los requisitos de datos de AIOps.
- **Automatización y scripting:** Experiencia en herramientas de automatización, lenguajes de *scripting* y prácticas de infraestructura como código para habilitar flujos de trabajo y procesos de AIOps.
- **Perspicacia empresarial:** Comprender los objetivos comerciales, las métricas y los impulsores de valor para alinear las iniciativas de AIOps con los objetivos organizacionales.
- **Aprendizaje continuo:** Disposición a aprender y adaptarse a nuevas tecnologías, metodologías y mejores prácticas en el campo de AIOps en rápida evolución.

Las organizaciones deben invertir en la mejora y actualización de las habilidades de su personal de TI para satisfacer las demandas de la era de AIOps. Esto puede implicar una combinación de programas de capacitación formal, proyectos prácticos, tutoría e iniciativas de intercambio de conocimientos. Colaborar con instituciones educativas, asociaciones de la industria y socios tecnológicos puede ayudar a desarrollar el talento necesario y mantenerse al día con los últimos avances en AIOps.

En resumen, el futuro de AIOps requerirá un cambio significativo en los conjuntos de habilidades y roles dentro de las organizaciones de TI. A medida que evolucionan las descripciones y responsabilidades de los trabajos, los profesionales de TI necesitarán desarrollar una combinación de habilidades técnicas, conocimiento del dominio y perspicacia comercial para aprovechar efectivamente las capacidades de AIOps. Las organizaciones deben invertir en programas integrales de capacitación y mejora de habilidades para preparar a su personal de TI existente para la era de AIOps, ofreciendo diversas oportunidades de aprendizaje, tutoría y coaching, y alineando la capacitación con la progresión profesional.

Para complementar la mejora de habilidades del personal existente, las organizaciones también deben centrarse en atraer y retener talento especializado en IA y ciencia de datos. Esto implica definir roles y trayectorias profesionales atractivas, ofrecer compensaciones y beneficios competitivos, construir asociaciones con instituciones académicas y de investigación, fomentar una cultura de innovación y aprendizaje continuo, invertir en herramientas e infraestructuras modernas, promover la colaboración multifuncional, proporcionar mentoría y oportunidades de liderazgo, y priorizar el equilibrio entre la vida laboral y el bienestar del empleado.

Al abordar de manera proactiva los conjuntos de habilidades y roles en una organización impulsada por AIOps, los líderes de TI pueden construir una fuerza laboral preparada para el futuro que pueda aprovechar el potencial completo de AIOps para impulsar la transformación digital, mejorar la eficiencia operativa y entregar un valor comercial excepcional.

C. Conjuntos de habilidades y roles en una organización impulsada por AIOps

A medida que AIOps transforma el panorama de TI, también trae cambios significativos en los conjuntos de habilidades y roles requeridos dentro de las organizaciones. En esta sección, exploraremos la evolución de las descripciones de puestos y responsabilidades, las estrategias de formación y mejora de habilidades para el personal de TI existente, y los enfoques para atraer y retener talento en IA y ciencia de datos en una organización impulsada por AIOps.

1. Evolución de las descripciones de puestos y responsabilidades

La adopción de AIOps requiere un cambio en las descripciones y responsabilidades tradicionales de los profesionales de TI. A medida que la automatización y la IA se encargan de tareas rutinarias, el enfoque de los roles de TI se desplazará hacia actividades más estratégicas, analíticas e innovadoras. Aquí hay algunos ejemplos de cómo evolucionan las descripciones de puestos y responsabilidades en una organización impulsada por AIOps:

a. Analista de Operaciones de TI: En un entorno de AIOps, los analistas de operaciones de TI serán responsables de monitorear e interpretar las ideas de AIOps, identificar oportunidades de mejora y colaborar con equipos multifuncionales para impulsar iniciativas de optimización. Deberán poseer fuertes habilidades analíticas, conocimiento del dominio y habilidades para resolver problemas para aprovechar efectivamente las plataformas de AIOps y derivar información procesable.

b. Ingeniero de Automatización: Los ingenieros de automatización jugarán un papel crucial en el diseño, implementación y mantenimiento de flujos de trabajo de automatización de AIOps. Serán responsables de integrar las capacidades de AIOps con los procesos de TI existentes, desarrollar *scripts* y herramientas para automatizar tareas repetitivas, y asegurar la fiabilidad y escalabilidad de las soluciones de automatización. Los ingenieros de automatización deberán tener experiencia en tecnologías de automatización, lenguajes de scripting y prácticas de DevOps.

c. Ingeniero de Datos: Los ingenieros de datos serán responsables de construir y mantener la infraestructura de datos que respalda las iniciativas de AIOps. Trabajarán en la integración de datos, almacenamiento de datos y desarrollo de tuberías de datos para garantizar la disponibilidad, calidad y rendimiento de los datos para las plataformas de AIOps. Los ingenieros de datos deberán tener fuertes habilidades en arquitectura de datos, gestión de bases de datos y marcos de procesamiento de datos.

d. Especialista en IA/ML: Los especialistas en IA/ML serán responsables de desarrollar, entrenar y desplegar modelos de aprendizaje automático para casos de uso de AIOps. Colaborarán con equipos de operaciones de TI para comprender los requisitos comerciales, seleccionar algoritmos apropiados y optimizar el rendimiento del modelo. Los especialistas en IA/ML deberán tener experiencia en técnicas de aprendizaje automático, lenguajes de programación y herramientas como Python, TensorFlow y scikit-learn.

e. Ingeniero de Fiabilidad del Sitio (SRE): Los SREs aprovecharán las capacidades de AIOps para garantizar la fiabilidad, escalabilidad y rendimiento de los sistemas de TI. Serán responsables de implementar soluciones de monitoreo y alerta de AIOps, automatizar procesos de respuesta a incidentes y realizar análisis *post mortem* para identificar áreas de mejora. Los SREs deberán tener un fuerte entendimiento de la arquitectura de sistemas, desarrollo de software y herramientas de automatización.

Estas descripciones de puestos y responsabilidades en evolución destacan la necesidad de que los profesionales de TI desarrollen una combinación de habilidades técnicas, conocimiento del dominio y perspicacia comercial. Las organizaciones deberán redefinir los roles de trabajo, actualizar las descripciones de puestos y comunicar las nuevas expectativas y oportunidades a su personal de TI.

2. Estrategias de formación y mejora de habilidades para el personal de TI existente

Para preparar al personal de TI existente para la era de AIOps, las organizaciones necesitan invertir en programas de formación y mejora de habilidades integrales. Aquí hay algunas estrategias para capacitar y mejorar las habilidades del personal de TI de manera efectiva:

a. Evaluar las brechas de habilidades: Realice una evaluación de habilidades para identificar las capacidades actuales y las brechas del personal de TI en relación con los requisitos de AIOps. Esta evaluación debe cubrir habilidades técnicas, como IA/ML, automatización y gestión de datos, así como habilidades blandas, como comunicación, colaboración y resolución de problemas.

b. Desarrollar una hoja de ruta de formación: Basándose en las brechas de habilidades identificadas, cree una hoja de ruta de formación estructurada que describa los objetivos de aprendizaje, los temas y los hitos para cada rol. La hoja de ruta debe incluir una combinación de formación técnica y no técnica, así como oportunidades para la práctica práctica y la aplicación en el mundo real.

c. Proporcionar diversas oportunidades de aprendizaje: Ofrezca una variedad de formatos de aprendizaje para satisfacer diferentes estilos y preferencias de aprendizaje. Esto puede incluir formación dirigida por instructores, cursos en línea, talleres, hackathons y sesiones de aprendizaje entre pares. Anime al personal de TI a participar en conferencias de la industria, seminarios web y comunidades en línea para mantenerse actualizado con las últimas tendencias y mejores prácticas en AIOps.

d. Fomentar la experimentación y la innovación: Fomente una cultura de experimentación e innovación proporcionando al personal de TI oportunidades para trabajar en proyectos de prueba de concepto de AIOps, hackathones y desafíos de innovación. Anímelos a explorar nuevas tecnologías, proponer ideas y colaborar con equipos multifuncionales para resolver problemas del mundo real utilizando AIOps.

e. Implementar programas de mentoría y coaching: Establezca programas de mentoría y coaching que emparejen a profesionales experimentados de AIOps con personal de TI nuevo en AIOps. Los mentores pueden proporcionar orientación, compartir mejores prácticas y ayudar a los aprendices a navegar los desafíos de adoptar AIOps. Las sesiones de coaching pueden centrarse en habilidades específicas, como análisis de datos, desarrollo de modelos o *scripting* de automatización.

VII. EL FUTURO DE AIOPS

f. Alinear la formación con la progresión de la carrera: Integre la formación y mejora de habilidades de AIOps en las rutas de progresión de carrera del personal de TI. Defina marcos de competencia claros y matrices de habilidades que describan las competencias esperadas para cada rol y nivel. Proporcione oportunidades para que el personal de TI aplique sus habilidades recién adquiridas en proyectos del mundo real y reconozca sus logros a través de promociones, premios y otras formas de reconocimiento.

g. Medir e iterar: Mida continuamente la efectividad de los programas de formación y mejora de habilidades utilizando métricas como adquisición de habilidades, rendimiento laboral y satisfacción de los empleados. Recopile comentarios del personal de TI y los gerentes para identificar áreas de mejora y refinar el enfoque de formación en consecuencia.

Al implementar estas estrategias de formación y mejora de habilidades, las organizaciones pueden permitir que su personal de TI existente se adapte a las demandas cambiantes de AIOps y contribuya de manera efectiva a las iniciativas de AIOps de la organización.

3. Atracción y retención de talento en IA y ciencia de datos

Además de mejorar las habilidades del personal de TI existente, las organizaciones deben centrarse en atraer y retener talento especializado en IA y ciencia de datos para apoyar sus iniciativas de AIOps. Aquí hay algunas estrategias para atraer y retener talento en IA y ciencia de datos:

a. Definir roles de trabajo y rutas de carrera atractivas: Cree roles de trabajo y rutas de carrera bien definidos para los profesionales de IA y ciencia de datos dentro de la organización de TI. Destaque las oportunidades para que trabajen en proyectos de AIOps de vanguardia, colaboren con equipos multifuncionales y tengan un impacto significativo en el viaje de transformación digital de la organización.

b. Ofrecer compensación y beneficios competitivos: Proporcione paquetes de compensación competitivos que se alineen con los estándares de la industria para roles de IA y ciencia de datos. Incluya beneficios como arreglos de trabajo flexibles, oportunidades de desarrollo profesional y acceso a herramientas y tecnologías de última generación.

c. Construir asociaciones con el mundo académico e instituciones de investigación: Establezca asociaciones con universidades, instituciones de investigación y comunidades de ciencia de datos para aprovechar un grupo diverso de talento en IA y ciencia de datos. Colabore en proyectos de investigación, patrocine hackathons y competencias de ciencia de datos, y ofrezca programas de pasantías y aprendizaje para atraer a candidatos prometedores.

d. Fomentar una cultura de innovación y aprendizaje continuo: Cree un entorno que fomente la experimentación, la innovación y el aprendizaje continuo. Proporcione oportunidades para que los profesionales de IA y ciencia de datos trabajen en problemas desafiantes, exploren nuevas tecnologías y asistan a conferencias y talleres de la industria. Anímelos a participar en proyectos de código abierto y a contribuir a la comunidad más amplia de IA y ciencia de datos.

e. Invertir en herramientas e infraestructura modernas: Proporcione a los profesionales de IA y ciencia de datos acceso a herramientas, plataformas e infraestructura de vanguardia para apoyar su trabajo. Esto incluye plataformas avanzadas de análisis, marcos de aprendizaje automático, herramientas de visualización de datos y recursos de cómputo de alto rendimiento. Asegúrese de que la pila tecnológica esté actualizada y alineada con las mejores prácticas de la industria.

f. Promover la colaboración multifuncional: Fomente una cultura de colaboración y compartir conocimientos entre los profesionales de IA y ciencia de datos y otros equipos de TI, como operaciones, desarrollo y seguridad. Anímelos a trabajar juntos en proyectos de AIOps, compartir ideas y mejores prácticas, e impulsar colectivamente la innovación y la mejora continua.

g. Proporcionar oportunidades de mentoría y liderazgo: Ofrezca programas de mentoría que emparejen a profesionales experimentados de IA y ciencia de datos con miembros del equipo junior. Proporcione oportunidades para que asuman roles de liderazgo, como liderar proyectos de AIOps, mentorear a otros o presentar en conferencias de la industria. Reconozca y recompense sus contribuciones y logros a través de promociones, bonificaciones y otras formas de reconocimiento.

h. Priorizar el equilibrio entre el trabajo y la vida y el bienestar del empleado: Reconozca la importancia del equilibrio entre el trabajo y la vida y el bienestar del empleado en la atracción y retención de talento en IA y ciencia de datos. Ofrezca arreglos de trabajo flexibles, como opciones de trabajo remoto y horarios flexibles, para adaptarse a las preferencias y necesidades individuales. Proporcione recursos y apoyo para la gestión del estrés, la salud mental y el bienestar físico.

Al implementar estas estrategias, las organizaciones pueden crear un entorno atractivo y comprometido para los profesionales de IA y ciencia de datos, permitiéndoles prosperar y contribuir de manera efectiva a las iniciativas de AIOps.

En resumen, el futuro de AIOps requiere un cambio significativo en los conjuntos de habilidades y roles dentro de las organizaciones de TI. A medida que evolucionan las descripciones de puestos y responsabilidades, los profesionales de TI necesitarán desarrollar una combinación de habilidades técnicas, conocimiento del dominio y perspicacia comercial para aprovechar efectivamente las capacidades de AIOps. Las organizaciones deben invertir en programas de formación y mejora de habilidades integrales para preparar a su personal de TI existente para la era de AIOps, ofreciendo diversas oportunidades de aprendizaje, mentoría y coaching, y alineando la formación con la progresión de carrera.

Para complementar la mejora de habilidades del personal existente, las organizaciones también deben centrarse en atraer y retener talento especializado en IA y ciencia de datos. Esto implica definir roles de trabajo y rutas de carrera atractivas, ofrecer compensación y beneficios competitivos, construir asociaciones con el mundo académico e instituciones de investigación, fomentar una cultura de innovación y aprendizaje continuo, invertir en herramientas e infraestructura modernas, promover la colaboración multifuncional, proporcionar oportunidades de mentoría y liderazgo, y priorizar el equilibrio entre el trabajo y la vida y el bienestar del empleado.

Al abordar proactivamente la evolución de los conjuntos de habilidades y roles en una organización impulsada por AIOps, los líderes de TI pueden construir una fuerza laboral preparada para el futuro que pueda aprovechar todo el potencial de AIOps para impulsar la transformación digital, mejorar la eficiencia operativa y ofrecer un valor empresarial excepcional.

D. Predicciones para la evolución de AIOps

A medida que AIOps continúa madurando y ganando tracción, es esencial explorar las posibles direcciones futuras e implicaciones de esta tecnología transformadora. En esta sección, profundizaremos en las predicciones para la evolución de AIOps, incluyendo la adopción creciente en diferentes industrias y tamaños de empresas, la convergencia con otras tecnologías y la posible disrupción de las prácticas tradicionales de operaciones de TI y el panorama de proveedores.

1. Adopción creciente en diferentes industrias y tamaños de empresas

Una de las principales predicciones para la evolución de AIOps es su adopción creciente en una amplia gama de industrias y tamaños de empresas. A medida que los beneficios de AIOps se vuelven más ampliamente reconocidos y la tecnología se vuelve más accesible y fácil de usar, podemos esperar ver un aumento en las tasas de adopción.

a. Adopción en múltiples industrias: AIOps ya ha ganado una tracción significativa en industrias como los servicios financieros, la atención médica y las telecomunicaciones, donde la complejidad y criticidad de los sistemas de TI requieren automatización e inteligencia avanzadas. Sin embargo, a medida que las soluciones de AIOps se vuelven más versátiles y adaptables, podemos esperar que la adopción se expanda a otras industrias, como el comercio minorista, la manufactura, la energía y el gobierno. Cada industria tendrá sus casos de uso y requisitos únicos, impulsando el desarrollo de soluciones y mejores prácticas específicas para la industria de AIOps.

b. Adopción en diferentes tamaños de empresas: Aunque los primeros adoptantes de AIOps han sido principalmente grandes empresas con infraestructuras de TI extensas y recursos abundantes, el futuro verá un aumento de la adopción entre pequeñas y medianas empresas (PYMEs). A medida que las soluciones de AIOps se vuelvan más asequibles, basadas en la nube y fáciles de usar, las PYMEs podrán aprovechar los beneficios de la automatización y los insights impulsados por IA sin la necesidad de inversiones iniciales significativas o experiencia interna. Esto nivelará el campo de juego y permitirá a las PYMEs competir más efectivamente con sus contrapartes más grandes.

c. Adopción global: La adopción de AIOps también se expandirá geográficamente, con organizaciones en diferentes regiones y países adoptando la tecnología. A medida que las empresas globales continúan digitalizando e interconectando sus operaciones, AIOps se convertirá en un habilitador crítico para gestionar entornos de TI complejos y distribuidos. La adopción de AIOps estará influenciada por factores como la madurez tecnológica regional, los paisajes regulatorios y la preparación cultural para la automatización impulsada por IA.

d. Soluciones específicas para verticales: A medida que aumente la adopción de AIOps en diferentes industrias, podemos esperar ver la aparición de soluciones específicas para verticales de AIOps. Estas soluciones estarán adaptadas a los requisitos, fuentes de datos y flujos de trabajo únicos de industrias específicas, como la atención médica, las finanzas o la manufactura. Las soluciones específicas para verticales incorporarán conocimientos del dominio, mejores prácticas de la industria y requisitos de cumplimiento, haciendo que sea más fácil para las organizaciones adoptar y obtener valor de AIOps.

La adopción creciente de AIOps en diferentes industrias y tamaños de empresas impulsará la innovación, la competencia y la colaboración en el mercado de AIOps. Fomentará el desarrollo de un ecosistema rico de soluciones, servicios y comunidades de AIOps, permitiendo a las organizaciones aprender unas de otras, compartir mejores prácticas y avanzar colectivamente en el estado del arte de AIOps.

2. Convergencia con otras tecnologías

Otra predicción clave para la evolución de AIOps es su convergencia con otras tecnologías complementarias, como la automatización robótica de procesos (RPA) y las plataformas de bajo código. La integración de AIOps con estas tecnologías creará sinergias poderosas y permitirá a las organizaciones lograr niveles aún mayores de automatización, agilidad e innovación.

a. Convergencia con RPA: RPA es una tecnología que permite la automatización de tareas repetitivas y basadas en reglas a través de robots de software. Al integrar AIOps con RPA, las organizaciones pueden lograr la automatización de extremo a extremo de los procesos de TI, desde la recopilación y el análisis de datos hasta la remediación y la optimización. AIOps puede proporcionar *insights* y recomendaciones inteligentes, mientras que RPA puede ejecutar las acciones y flujos de trabajo correspondientes. Esta convergencia permitirá a las organizaciones agilizar las operaciones de TI complejas, reducir el error humano y mejorar la eficiencia general.

b. Convergencia con plataformas de bajo código: Las plataformas de bajo código permiten el desarrollo y despliegue rápidos de aplicaciones y flujos de trabajo sin la necesidad de una amplia experiencia en codificación. La convergencia de AIOps con plataformas de bajo código democratizará la creación y personalización de soluciones de AIOps. Los equipos de TI podrán construir y adaptar fácilmente flujos de trabajo, tableros e integraciones de AIOps utilizando interfaces visuales y de arrastrar y soltar. Esto acelerará la adopción y el tiempo de obtención de valor de AIOps, así como fomentará la innovación y la experimentación.

c. Convergencia con escritorios de servicio impulsados por IA: La integración de AIOps con escritorios de servicio impulsados por IA transformará la forma en que las organizaciones entregan soporte y servicios de TI. AIOps puede proporcionar *insights* y recomendaciones inteligentes a los agentes del escritorio de servicio, ayudándolos a diagnosticar y resolver problemas rápidamente. Los chatbots y asistentes virtuales impulsados por IA pueden aprovechar los *insights* de AIOps para proporcionar soporte de autoservicio y automatizar tareas rutinarias. Esta convergencia mejorará la eficiencia y efectividad de la entrega de servicios de TI, mejorando las experiencias y la satisfacción del usuario.

d. Convergencia con DevOps e ingeniería de fiabilidad del sitio (SRE): AIOps convergerá cada vez más con prácticas de DevOps y SRE para permitir la automatización y optimización de extremo a extremo de la entrega y las operaciones de aplicaciones. AIOps puede proporcionar *insights* en tiempo real sobre el rendimiento de aplicaciones, el comportamiento del usuario y la salud de la infraestructura, permitiendo a los equipos de DevOps tomar decisiones basadas en datos y automatizar procesos de lanzamiento. AIOps también puede apoyar las prácticas de SRE al identificar y resolver problemas de manera proactiva, optimizar la asignación de recursos y garantizar la fiabilidad y escalabilidad de las aplicaciones.

La convergencia de AIOps con otras tecnologías creará un enfoque más holístico e integrado para la gestión de operaciones de TI y la entrega de servicios. Permitirá a las organizaciones romper silos, automatizar procesos de extremo a extremo y obtener mayor valor de sus inversiones tecnológicas. A medida que estas convergencias maduren, podemos esperar ver la aparición de nuevos roles híbridos y conjuntos de habilidades que combinen experiencia en AIOps, automatización, desarrollo de bajo código y otras disciplinas relacionadas.

3. Potencial disrupción de las prácticas tradicionales de operaciones de TI y el panorama de proveedores

La evolución de AIOps tiene el potencial de alterar significativamente las prácticas tradicionales de operaciones de TI y el panorama de proveedores. A medida que AIOps se vuelve más sofisticado y ampliamente adoptado, desafiará las normas establecidas, los procesos y las dinámicas del mercado.

a. Disrupción de las prácticas tradicionales de operaciones de TI: AIOps transformará fundamentalmente la forma en que se llevan a cabo las operaciones de TI, cambiando de enfoques manuales y reactivos a enfoques proactivos, automatizados y basados en inteligencia. Las tareas tradicionales de operaciones de TI, como el monitoreo, la solución de problemas y la planificación de capacidad, serán cada vez más aumentadas o reemplazadas por algoritmos impulsados por IA y automatización. Esto requerirá que los equipos de TI adapten sus roles, habilidades y flujos de trabajo para aprovechar efectivamente AIOps. Algunos roles de trabajo pueden volverse obsoletos, mientras que nuevos roles, como especialistas en AIOps y científicos de datos, surgirán.

b. Disrupción de los procesos y metodologías de operaciones de TI: AIOps interrumpirá los procesos y metodologías tradicionales de operaciones de TI, como ITIL (Biblioteca de Infraestructura de TI) y ITSM (Gestión de Servicios de TI). Si bien estos marcos continuarán proporcionando orientación valiosa y mejores prácticas, necesitarán evolucionar para incorporar principios y prácticas de AIOps. AIOps permitirá enfoques más ágiles, basados en datos y automatizados para la gestión de incidentes, la gestión de problemas, la gestión de cambios y otros procesos clave. Las organizaciones necesitarán adaptar sus procesos y modelos de gobernanza para aprovechar efectivamente AIOps y asegurar la alineación con los objetivos comerciales.

c. Disrupción de la cadena de herramientas de operaciones de TI: AIOps interrumpirá la cadena de herramientas tradicional de operaciones de TI, que a menudo consiste en herramientas dispares y aisladas para monitoreo, registro, gestión de tickets y automatización. Las plataformas de AIOps integrarán y consolidarán cada vez más estas funciones, proporcionando una solución unificada y habilitada por IA para la gestión de operaciones de TI de extremo a extremo. Esto desafiará la posición de mercado de las herramientas y proveedores tradicionales de operaciones de TI, ya que las organizaciones buscan soluciones más integradas e inteligentes. Los proveedores necesitarán adaptar sus ofertas para incorporar capacidades de AIOps o arriesgarse a ser desplazados por nuevos y más innovadores entrantes.

d. Disrupción del panorama de proveedores de operaciones de TI: La evolución de AIOps también interrumpirá el panorama de proveedores de operaciones de TI, a medida que surjan nuevos actores y los proveedores existentes adapten sus estrategias. Podemos esperar ver un aumento en la competencia y la consolidación en el mercado de AIOps, ya que los proveedores compiten por la cuota de mercado y diferencian sus ofertas. Algunos proveedores pueden especializarse en capacidades específicas de AIOps, como la detección de anomalías o el análisis de causas raíz, mientras que otros pueden ofrecer plataformas de AIOps integrales y de extremo a extremo. El mercado también verá la aparición de ecosistemas de AIOps, donde los proveedores colaboran e integran sus soluciones para ofrecer ofertas más fluidas e interoperables.

La posible disrupción de las prácticas tradicionales de operaciones de TI y el panorama de proveedores creará tanto desafíos como oportunidades para las organizaciones y los profesionales de TI. Requerirá una disposición para adoptar el cambio, adaptarse a nuevas formas de trabajar y aprender y mejorar continuamente las habilidades. Las organizaciones necesitarán evaluar y seleccionar cuidadosamente las soluciones de AIOps que se alineen con sus necesidades específicas, objetivos y restricciones. También necesitarán fomentar una cultura de innovación, experimentación y colaboración para aprovechar plenamente el potencial de AIOps.

A medida que el mercado de AIOps evoluciona y madura, podemos esperar ver un panorama más dinámico y competitivo, con proveedores que empujan constantemente los límites de lo que es posible con la automatización y optimización impulsadas por IA. Las organizaciones que puedan navegar efectivamente esta disrupción y aprovechar el poder de AIOps estarán bien posicionadas para impulsar la transformación digital, mejorar la eficiencia operativa y ofrecer experiencias excepcionales a los usuarios.

En conclusión, el futuro de AIOps tiene un inmenso potencial para transformar las operaciones de TI e impulsar el valor comercial. La adopción creciente de AIOps en diferentes industrias y tamaños de empresas democratizará el acceso a la automatización y los *insights* impulsados por IA, permitiendo a las organizaciones de todos los tamaños optimizar sus operaciones de TI y competir más efectivamente. La convergencia de AIOps con otras tecnologías, como RPA, plataformas de bajo código y escritorios de servicio impulsados por IA, creará sinergias poderosas y permitirá la automatización y optimización de extremo a extremo de los procesos de TI.

Sin embargo, la evolución de AIOps también traerá una disrupción significativa a las prácticas tradicionales de operaciones de TI y al panorama de proveedores. Las organizaciones necesitarán adaptar sus roles, habilidades y flujos de trabajo para aprovechar efectivamente AIOps, y los proveedores necesitarán innovar y diferenciar sus ofertas para mantenerse competitivos. La adopción exitosa de AIOps requerirá un enfoque estratégico y holístico, combinando las tecnologías, procesos y habilidades correctos para impulsar la mejora continua y la innovación.

Como profesionales de TI que navegan en este emocionante y transformador viaje, es esencial mantenerse informados, ágiles y proactivos. Adoptar el aprendizaje continuo, la experimentación y la colaboración será clave para prosperar en un futuro impulsado por AIOps. Al

VII. EL FUTURO DE AIOPS

comprender el impacto potencial y las oportunidades de AIOps, y al dar forma activamente a su evolución, los profesionales de TI pueden posicionarse como socios estratégicos en la conducción de la transformación digital y el éxito empresarial.

El futuro de AIOps está lleno de posibilidades y desafíos, pero una cosa es segura: redefinirá fundamentalmente la forma en que gestionamos y optimizamos las operaciones de TI. A medida que emprendemos este viaje, abordémoslo con curiosidad, adaptabilidad y un compromiso para aprovechar la tecnología para el bien común. Juntos, podemos dar forma a un futuro donde AIOps nos empodere para ofrecer experiencias excepcionales a los usuarios, impulsar la innovación y crear un valor duradero para nuestras organizaciones y la sociedad en general.

VIII. Conclusión

A. Resumen de conclusiones clave

Al llegar al final de nuestra exploración de AIOps y su potencial transformador, es importante reflexionar sobre las conclusiones clave y los conocimientos adquiridos a lo largo de este viaje. En esta sección, recapitularemos los tres temas principales que han surgido: el potencial transformador de AIOps en las operaciones de TI, la importancia de un enfoque holístico para la implementación de AIOps y la necesidad de aprendizaje y adaptación continuos.

1. El potencial transformador de AIOps en las operaciones de TI

A lo largo de nuestra discusión, hemos sido testigos del inmenso potencial de AIOps para revolucionar las operaciones de TI y generar un valor empresarial significativo. AIOps aprovecha el poder de la inteligencia artificial, el aprendizaje automático y la analítica avanzada para transformar la forma en que gestionamos y optimizamos los

VIII. CONCLUSIÓN

sistemas, aplicaciones e infraestructuras de TI.

Algunos de los aspectos transformadores clave de AIOps incluyen:

a. Capacidades proactivas y predictivas: AIOps permite a los equipos de TI pasar de modos reactivos a enfoques proactivos y predictivos. Al analizar grandes cantidades de datos en tiempo real, las plataformas de AIOps pueden detectar anomalías, predecir posibles problemas y recomendar acciones preventivas antes de que los problemas se agraven. Este enfoque proactivo reduce el tiempo de inactividad, mejora la fiabilidad del sistema y mejora la experiencia del usuario.

b. Insights y toma de decisiones automatizados: AIOps automatiza el proceso de recopilación, correlación y análisis de datos de diversas fuentes, proporcionando a los equipos de TI conocimientos y recomendaciones accionables. Al aprovechar algoritmos de aprendizaje automático y análisis avanzados, AIOps puede identificar las causas raíz de los problemas, optimizar la asignación de recursos y guiar los procesos de toma de decisiones. Esta automatización libera a los profesionales de TI para que se concentren en tareas estratégicas de mayor valor y aumenta la eficiencia operativa.

c. Mejora y optimización continua: AIOps permite un cambio de paradigma hacia la mejora continua y la optimización de las operaciones de TI. Al monitorear y analizar continuamente el rendimiento del sistema, el comportamiento del usuario y las métricas empresariales, AIOps puede identificar oportunidades de optimización y recomendar o implementar automáticamente mejoras. Este enfoque iterativo garantiza que los sistemas de TI se mantengan alineados con las necesidades empresariales y las expectativas de los usuarios.

d. Colaboración mejorada y intercambio de conocimientos: AIOps promueve la colaboración y el intercambio de conocimientos entre los equipos de TI y las partes interesadas del negocio. Al proporcionar una plataforma centralizada para *insights* y toma de decisiones basados en datos, AIOps elimina los silos y fomenta la colaboración interfuncional. Permite a los profesionales de TI compartir mejores prácticas, aprender unos de otros e impulsar colectivamente la innovación y la mejora continua.

El potencial transformador de AIOps se extiende más allá de las operaciones de TI, impactando el panorama empresarial en general. Al optimizar los sistemas y servicios de TI, AIOps puede contribuir directamente a mejorar las experiencias de los clientes, aumentar la eficiencia operativa, acelerar el tiempo de comercialización y mejorar la competitividad. A medida que las organizaciones dependen cada vez más de la tecnología para impulsar sus estrategias empresariales, AIOps se convierte en un habilitador crítico para la transformación digital y el éxito.

2. La importancia de un enfoque holístico para la implementación de AIOps

Si bien el potencial transformador de AIOps es inmenso, para aprovechar al máximo sus beneficios se requiere un enfoque holístico para la implementación. A lo largo de nuestra discusión, hemos enfatizado la importancia de considerar no solo los aspectos tecnológicos de AIOps, sino también las dimensiones organizativas, culturales y de procesos.

VIII. CONCLUSIÓN

Algunos de los elementos clave de un enfoque holístico para la implementación de AIOps incluyen:

a. Alineación con los objetivos empresariales: Las iniciativas de AIOps deben estar estrechamente alineadas con los objetivos y estrategias empresariales generales. Los equipos de TI deben colaborar con las partes interesadas del negocio para comprender sus necesidades, prioridades y puntos críticos, y asegurar que las soluciones de AIOps aborden estos de manera efectiva. Esta alineación garantiza que AIOps entregue un valor empresarial tangible y respalde los objetivos de la organización.

b. Integración con herramientas y procesos existentes: AIOps no debe considerarse una solución independiente, sino una parte integral del ecosistema de TI en general. La implementación exitosa de AIOps requiere una integración sin problemas con herramientas, procesos y flujos de trabajo existentes. Esta integración permite visibilidad de extremo a extremo, automatización y optimización en todo el panorama de TI, eliminando silos y asegurando un enfoque coherente para la gestión de operaciones de TI.

c. Gestión del cambio y transformación cultural: Implementar AIOps a menudo requiere cambios significativos en los roles, procesos y mentalidades tradicionales de TI. La gestión efectiva del cambio es crucial para garantizar una adopción sin problemas y la aceptación de los equipos de TI y las partes interesadas. Las organizaciones deben fomentar una cultura de aprendizaje continuo, experimentación y colaboración, alentando a los profesionales de TI a adoptar nuevas formas de trabajar y aprovechar eficazmente los insights de AIOps.

d. Gobernanza y consideraciones éticas: Dado que AIOps se basa en gran medida en datos y algoritmos para impulsar la toma de decisiones, es esencial establecer marcos de gobernanza robustos y directrices éticas. Las organizaciones deben asegurarse de que las soluciones de AIOps sean transparentes, explicables e imparciales, y que cumplan con las normativas y estándares relevantes. Las consideraciones éticas, como la privacidad de los datos, la seguridad y la equidad, deben estar al frente de las implementaciones de AIOps.

e. Mejora continua e iteración: AIOps no es una implementación única, sino un viaje continuo de mejora e iteración. Las organizaciones deben establecer mecanismos de retroalimentación para monitorear la efectividad de las soluciones de AIOps, recopilar comentarios de los usuarios e identificar áreas de optimización. Las revisiones, actualizaciones y refinamientos regulares aseguran que AIOps permanezca alineado con las necesidades empresariales y los avances tecnológicos.

Al adoptar un enfoque holístico para la implementación de AIOps, las organizaciones pueden asegurarse de obtener el máximo valor de sus inversiones, mitigar riesgos e impulsar el éxito sostenible a largo plazo. Se requiere un esfuerzo colaborativo de los equipos de TI, las partes interesadas del negocio y el liderazgo para alinear prioridades, adaptar procesos y fomentar una cultura que abrace el potencial transformador de AIOps.

3. La necesidad de aprendizaje y adaptación continuos

En el paisaje en rápida evolución de AIOps y las operaciones de TI, el aprendizaje y la adaptación continuos son esenciales para que los individuos y las organizaciones se mantengan a la vanguardia. Como

VIII. CONCLUSIÓN

hemos visto a lo largo de nuestra discusión, el campo de AIOps está en constante evolución, con nuevas tecnologías, mejores prácticas y casos de uso que emergen a un ritmo rápido.

Algunos de los aspectos clave del aprendizaje y la adaptación continuos en el contexto de AIOps incluyen:

a. **Reciclaje y actualización de habilidades:** Los profesionales de TI deben actualizar continuamente sus habilidades y conocimientos para aprovechar eficazmente las tecnologías y prácticas de AIOps. Esto requiere un enfoque proactivo para el aprendizaje, que incluya formación formal, certificaciones, talleres y experimentación práctica. Las organizaciones deben invertir en programas integrales de reciclaje y actualización de habilidades para garantizar que sus equipos de TI tengan las competencias necesarias para impulsar el éxito de AIOps.

b. **Mantenerse informado sobre tendencias de la industria:** Mantenerse al tanto de las últimas tendencias de la industria, mejores prácticas y estudios de casos es crucial para que los profesionales de TI se mantengan relevantes e informados. Esto implica participar activamente en conferencias de la industria, seminarios web, comunidades en línea y redes profesionales. Al mantenerse conectados con sus pares, expertos y líderes de pensamiento, los profesionales de TI pueden obtener conocimientos valiosos, compartir experiencias y aprender de los éxitos y desafíos de otros.

c. **Adoptar la experimentación y la innovación:** AIOps prospera gracias a la experimentación y la innovación. Los equipos de TI deben cultivar una mentalidad de curiosidad, creatividad y mejora continua, buscando constantemente nuevas formas de aprovechar las capacidades de AIOps para generar valor. Fomentar una cultura de experimentación, donde las ideas se compartan libremente, se prueben y se iteren, fomenta la innovación y permite a las organizaciones mantenerse a la vanguardia.

d. Colaboración e intercambio de conocimientos: La colaboración y el intercambio de conocimientos son esenciales para el aprendizaje y la adaptación continuos en el contexto de AIOps. Los profesionales de TI deben participar activamente en equipos interfuncionales, comunidades de práctica y plataformas de intercambio de conocimientos para intercambiar ideas, mejores prácticas y lecciones aprendidas. Al aprovechar la inteligencia colectiva y las diversas perspectivas, las organizaciones pueden acelerar sus viajes de AIOps y fomentar la mejora continua.

e. Adaptarse al cambio y la incertidumbre: El mundo de AIOps se caracteriza por un cambio y una incertidumbre rápidos. Los profesionales de TI deben desarrollar la resiliencia, la agilidad y la adaptabilidad para navegar en este paisaje dinámico. Esto implica abrazar el cambio como una oportunidad de crecimiento, estar abiertos a nuevas ideas y enfoques y estar dispuestos a pivotar y ajustar estrategias según sea necesario. Las organizaciones que puedan adaptarse rápidamente a las circunstancias cambiantes y capitalizar las oportunidades emergentes estarán bien posicionadas para el éxito a largo plazo.

El aprendizaje y la adaptación continuos no son solo responsabilidades individuales, sino también imperativos organizativos. Las organizaciones deben fomentar una cultura de aprendizaje permanente, proporcionar los recursos y el apoyo necesarios para el desarrollo de habilidades y crear un entorno que fomente la experimentación y la innovación. Al invertir en el crecimiento y desarrollo continuos de sus equipos de TI, las organizaciones pueden construir la agilidad, la resiliencia y la competitividad necesarias para prosperar en la era de AIOps.

En conclusión, AIOps representa una fuerza transformadora en las operaciones de TI, ofreciendo un inmenso potencial para impulsar la eficiencia, la innovación y el valor empresarial. Al aprovechar el poder de la inteligencia artificial, el aprendizaje automático y la analítica avanzada, AIOps capacita a los equipos de TI para gestionar y optimizar proactivamente entornos de TI complejos, ofrecer experiencias excepcionales a los usuarios y alinear las operaciones de TI con los objetivos empresariales.

Sin embargo, para aprovechar al máximo el potencial de AIOps, se requiere un enfoque holístico que considere no solo los aspectos tecnológicos, sino también las dimensiones organizativas, culturales y de procesos. Esto requiere una estrecha alineación con los objetivos empresariales, una integración sin problemas con herramientas y procesos existentes, una gestión efectiva del cambio, una gobernanza robusta y un compromiso con la mejora continua y la iteración.

Además, en el paisaje en rápida evolución de AIOps, el aprendizaje y la adaptación continuos son esenciales para que los individuos y las organizaciones se mantengan a la vanguardia. Los profesionales de TI deben actualizar y reciclar activamente sus habilidades, mantenerse informados sobre las tendencias de la industria, adoptar la experimentación y la innovación, colaborar y compartir conocimientos y adaptarse al cambio y la incertidumbre. Las organizaciones deben fomentar una cultura de aprendizaje permanente, proporcionar los recursos y el apoyo necesarios y crear un entorno que fomente el crecimiento y el desarrollo.

A medida que emprendemos este emocionante viaje de AIOps, abordémoslo con un sentido de curiosidad, colaboración y compromiso con la mejora continua. Al aprovechar el potencial transformador de AIOps, adoptar un enfoque holístico para la implementación y fomentar una cultura de aprendizaje y adaptación continuos, podemos desbloquear nuevos niveles de eficiencia, innovación y valor en las operaciones de TI. Juntos, podemos dar forma a un futuro donde AIOps nos capacite para ofrecer experiencias excepcionales a los usuarios, impulsar el éxito empresarial y tener un impacto positivo en el mundo que nos rodea.

B. Recomendaciones para comenzar con AIOps

Para las organizaciones y los profesionales de TI que desean comenzar su viaje con AIOps, el inicio puede parecer desalentador. Sin embargo, con el enfoque, la mentalidad y la orientación adecuados, pueden navegar con éxito el camino hacia la adopción de AIOps y cosechar los beneficios de esta tecnología transformadora. En esta sección, proporcionaremos recomendaciones prácticas para comenzar con AIOps, centrándonos en tres áreas clave: realizar una evaluación de preparación y definir objetivos claros, comenzar de a poco e iterar en función de la retroalimentación y los resultados, e invertir en las herramientas, el talento y los procesos adecuados.

VIII. CONCLUSIÓN

1. Realizar una evaluación de preparación y definir objetivos claros

Antes de sumergirse en la implementación de AIOps, es crucial evaluar la preparación de su organización y definir objetivos claros. Este paso fundamental sienta las bases para un viaje exitoso con AIOps y ayuda a alinear expectativas, recursos y prioridades.

a. Evaluar la madurez actual de TI: Comience realizando una evaluación exhaustiva de la madurez actual de TI en su organización. Evalúe el estado de su infraestructura de TI, procesos, herramientas y habilidades. Identifique fortalezas, debilidades y brechas en relación con los requisitos de AIOps. Esta evaluación proporcionará una comprensión básica de su punto de partida y ayudará a identificar áreas que necesitan atención antes de embarcarse en AIOps.

b. Definir objetivos empresariales: Defina claramente los objetivos empresariales que desea alcanzar a través de la adopción de AIOps. Colabore con las partes interesadas del negocio para comprender sus necesidades, prioridades y puntos críticos. Alinee sus objetivos de AIOps con la estrategia empresarial general y los resultados deseados. Ejemplos de objetivos empresariales pueden incluir mejorar la disponibilidad del servicio, reducir costos operativos, mejorar la experiencia del usuario o acelerar la innovación.

c. Identificar casos de uso clave: Identifique casos de uso específicos donde AIOps pueda proporcionar el mayor valor a su organización. Priorice los casos de uso en función de su impacto potencial, viabilidad y alineación con los objetivos empresariales. Los casos de uso comunes de AIOps incluyen la detección de anomalías, la gestión de incidentes, la optimización de capacidad y el mantenimiento predictivo. Seleccione casos de uso que puedan demostrar beneficios tangibles y servir como puntos de prueba para la adopción más amplia de AIOps.

d. Evaluar la preparación de datos: Evalúe la calidad, disponibilidad y accesibilidad de los datos de sus operaciones de TI. AIOps depende en gran medida de los datos para generar *insights* y promover la automatización. Evalúe el estado actual de sus fuentes de datos, capacidades de integración de datos y prácticas de gobernanza de datos. Identifique cualquier brecha de datos, inconsistencias o silos que necesiten ser abordados para asegurar una base sólida para AIOps.

e. Establecer métricas de éxito: Defina métricas de éxito claras y medibles para sus iniciativas de AIOps. Estas métricas deben estar alineadas con sus objetivos empresariales y casos de uso. Ejemplos de métricas de éxito pueden incluir la reducción del tiempo medio de resolución (MTTR), la mejora en el cumplimiento del acuerdo de nivel de servicio (SLA), el aumento de la eficiencia operativa o la mejora en las puntuaciones de satisfacción del usuario. Establecer mediciones de referencia y objetivos ayudará a realizar un seguimiento del progreso y demostrar el valor de AIOps.

Al realizar una evaluación de preparación exhaustiva y definir objetivos claros, establece las bases para una implementación de AIOps con propósito y de alto impacto. Este esfuerzo inicial garantiza que sus iniciativas de AIOps estén basadas en la realidad empresarial, alineadas con las prioridades organizacionales y posicionadas para el éxito.

2. Comenzar de a poco e iterar en función de la retroalimentación y los resultados

Al embarcarse en su viaje de AIOps, es recomendable comenzar de a poco e iterar en función de la retroalimentación y los resultados. Adoptar un enfoque incremental permite validar suposiciones, aprender de experiencias y generar impulso gradualmente.

a. Proyectos piloto: Comience con proyectos piloto enfocados en casos de uso específicos o áreas de operaciones de TI. Seleccione un alcance manejable que pueda implementarse en un plazo corto y con los recursos disponibles. Los proyectos piloto brindan la oportunidad de probar conceptos, herramientas y procesos de AIOps en un entorno controlado. Ayudan a validar la viabilidad y el valor de AIOps sin comprometer excesivamente los recursos ni interrumpir todo el ecosistema de TI.

b. Metodología ágil: Adopte una metodología ágil para su implementación de AIOps. Divida la iniciativa en ciclos o *sprints* más pequeños e iterativos. Establezca objetivos y entregables claros para cada ciclo y recopile continuamente retroalimentación e insights. Los enfoques ágiles permiten una experimentación rápida, la corrección del rumbo y la mejora continua basada en resultados del mundo real y retroalimentación de los usuarios.

c. Colaboración y retroalimentación: Fomente una colaboración estrecha y establezca mecanismos de retroalimentación con las partes interesadas clave durante todo el proceso de implementación de AIOps. Involucre a los equipos de operaciones de TI, usuarios del negocio y expertos en el diseño, pruebas y evaluación de las soluciones de AIOps. Busque regularmente su *input*, recopile *insights* e incorpore sus comentarios en iteraciones posteriores. Este enfoque colaborativo garantiza que las soluciones de AIOps satisfagan las necesidades de los usuarios finales y se alineen con las expectativas empresariales.

d. Medir e iterar: Monitoree continuamente el rendimiento y el impacto de sus iniciativas de AIOps en función de las métricas de éxito definidas. Analice los datos recopilados e identifique áreas de mejora. Use estos *insights* para iterar y refinar su enfoque de AIOps, tomando decisiones basadas en datos para optimizar procesos, ajustar algoritmos y mejorar las experiencias de los usuarios.

e. Escalar gradualmente: A medida que gane confianza y obtenga resultados positivos de sus proyectos piloto e iteraciones iniciales, escale gradualmente su implementación de AIOps para abarcar áreas más amplias de las operaciones de TI. Priorice la expansión en función del impacto empresarial, la disponibilidad de recursos y las lecciones aprendidas de iteraciones anteriores. Escalar de forma incremental permite gestionar la complejidad, mitigar riesgos y garantizar una transición sin problemas hacia la adopción de AIOps a nivel empresarial.

Al comenzar de a poco e iterar en función de la retroalimentación y los resultados, puede mitigar los riesgos asociados con implementaciones de AIOps a gran escala. Este enfoque permite validar el valor de AIOps, generar aceptación interna y expandir progresivamente el alcance y el impacto de sus iniciativas. Permite el aprendizaje continuo, la adaptación y la optimización, asegurando que su viaje de AIOps esté guiado por insights del mundo real y brinde beneficios tangibles a su organización.

3. Invertir en las herramientas, el talento y los procesos adecuados

Para aprovechar al máximo el potencial de AIOps, es esencial invertir en las herramientas, el talento y los procesos adecuados. Estos elementos fundamentales proporcionan las capacidades, habilidades y marcos necesarios para apoyar y sostener sus iniciativas de AIOps.

a. Plataformas y herramientas de AIOps: Invierta en plataformas y herramientas de AIOps robustas y escalables que se alineen con las necesidades de su organización y el entorno de TI. Evalúe y seleccione herramientas que ofrezcan capacidades integrales para la integración de datos, la detección de anomalías, el análisis de causas raíz, la automatización y la generación de informes. Considere factores como la facilidad de uso, la integración con sistemas existentes, la escalabilidad y el soporte del proveedor. Las herramientas adecuadas capacitarán a sus equipos para implementar y aprovechar eficazmente las tecnologías de AIOps.

b. Desarrollo y capacitación de habilidades: Invierta en el desarrollo de habilidades y conocimientos de sus equipos de TI para adoptar y utilizar eficazmente AIOps. Proporcione programas de capacitación completos que cubran tanto los aspectos técnicos como específicos del dominio de AIOps. Desarrolle una combinación de capacitación interna, talleres externos, certificaciones y laboratorios prácticos para dotar a sus equipos de las habilidades necesarias. Fomente una cultura de aprendizaje continuo y aliente el intercambio de conocimientos entre los miembros del equipo para construir una experiencia colectiva en AIOps.

c. Colaboración interfuncional: Promueva y facilite la colaboración interfuncional durante todo el proceso de implementación de AIOps. Rompa los silos y establezca asociaciones entre los equipos de operaciones de TI, desarrollo, negocio y ciencia de datos. Aliente la resolución conjunta de problemas, el intercambio de conocimientos y las sesiones de ideación para aprovechar perspectivas y experiencias diversas. La colaboración interfuncional garantiza que las soluciones de AIOps sean integrales, alineadas con las necesidades empresariales y respaldadas por un sentido compartido de propiedad.

d. Optimización y estandarización de procesos: Invierta en la optimización y estandarización de sus procesos de operaciones de TI para aprovechar plenamente los beneficios de AIOps. Revise y simplifique los procesos existentes para eliminar ineficiencias, redundancias e intervenciones manuales. Establezca prácticas y flujos de trabajo coherentes en diferentes funciones de TI para permitir una integración y automatización sin problemas. Estandarice la recopilación de datos, la gestión de incidentes, la gestión del cambio y otros procesos clave para garantizar la coherencia y facilitar la adopción de AIOps.

e. Gobernanza y seguridad: Invierta en marcos de gobernanza y seguridad sólidos para garantizar la implementación responsable y segura de AIOps. Desarrolle políticas y directrices para la gestión de datos, la privacidad y los controles de acceso. Establezca roles, responsabilidades y rendición de cuentas claros para las iniciativas de AIOps. Implemente medidas de seguridad para proteger datos sensibles, monitorear posibles violaciones y garantizar el cumplimiento de las normativas y estándares relevantes. Las prácticas de gobernanza y seguridad sólidas son esenciales para mantener la confianza, mitigar riesgos y garantizar el éxito a largo plazo de sus iniciativas de AIOps.

VIII. CONCLUSIÓN

Al invertir en las herramientas, el talento y los procesos adecuados, establece una base sólida para su implementación de AIOps. Estas inversiones le permiten aprovechar al máximo las tecnologías de AIOps, capacitar a sus equipos para impulsar la innovación y establecer una práctica de AIOps sostenible y escalable dentro de su organización.

En conclusión, comenzar con AIOps requiere un enfoque estratégico y holístico. Al realizar una evaluación de preparación y definir objetivos claros, garantiza que sus iniciativas de AIOps estén basadas en la realidad empresarial y alineadas con las prioridades organizacionales. Comenzar de a poco e iterar en función de la retroalimentación y los resultados permite validar suposiciones, aprender de experiencias y generar impulso gradualmente. Invertir en las herramientas, el talento y los procesos adecuados proporciona las capacidades, habilidades y marcos necesarios para apoyar y sostener su implementación de AIOps.

A medida que avanza en su viaje de AIOps, recuerde que es un proceso continuo de aprendizaje, adaptación y mejora. Abrace los desafíos, celebre los éxitos y manténgase abierto a nuevas posibilidades. Colabore con colegas, aprenda de las mejores prácticas de la industria y esté atento a las tendencias y tecnologías emergentes.

Con dedicación, perseverancia y un compromiso con la excelencia, puede navegar con éxito el camino hacia la adopción de AIOps y desbloquear el potencial transformador de esta tecnología. AIOps tiene el poder de revolucionar las operaciones de TI, impulsar el valor empresarial y permitirle ofrecer experiencias excepcionales a los usuarios. Aproveche esta oportunidad para estar a la vanguardia de la innovación y dar forma al futuro de las operaciones de TI.

A medida que avanza, recuerde que la comunidad de AIOps está aquí para apoyarle. Involúcrese con otros profesionales, comparta sus experiencias y contribuya al conocimiento colectivo y al crecimiento del ecosistema de AIOps. Juntos, podemos impulsar el avance y la adopción generalizada de AIOps y crear un futuro donde las operaciones de TI sean proactivas, inteligentes y alineadas con los negocios.

Entonces, dé el primer paso con confianza, abrace el viaje que tiene por delante y desbloquee el poder transformador de AIOps para su organización. El futuro de las operaciones de TI es brillante, y con AIOps a su lado, está bien preparado para navegar los desafíos y oportunidades que se avecinan.

C. Reflexiones finales sobre la importancia de AIOps en la conducción de la transformación digital

Al concluir nuestra exploración de AIOps y su potencial transformador, es importante reflexionar sobre el contexto y la importancia más amplios de esta tecnología en la conducción de la transformación digital. En esta sección final, profundizaremos en el papel de AIOps en permitir la agilidad, la innovación y la ventaja competitiva, la necesidad de una cultura de experimentación y colaboración, y el potencial de AIOps para revolucionar la forma en que gestionamos y optimizamos los sistemas de TI.

VIII. CONCLUSIÓN

1. El papel de AIOps en permitir la agilidad, la innovación y la ventaja competitiva

En el paisaje empresarial actual, rápido y altamente competitivo, las organizaciones que pueden adaptarse rápidamente al cambio, innovar continuamente y ofrecer experiencias excepcionales a los usuarios obtienen una ventaja significativa. AIOps juega un papel crucial en permitir la agilidad, la innovación y la ventaja competitiva al transformar la forma en que las operaciones de TI apoyan y promueven los objetivos empresariales.

a. Agilidad: AIOps permite a las organizaciones responder rápida y eficazmente a las necesidades empresariales cambiantes y a las dinámicas del mercado. Al aprovechar la inteligencia artificial y la automatización, AIOps permite a los equipos de TI identificar y resolver proactivamente problemas, optimizar la asignación de recursos y escalar servicios según demanda. Esta agilidad capacita a las organizaciones para aprovechar nuevas oportunidades, adaptarse a las expectativas cambiantes de los clientes y mantener una ventaja competitiva frente a la disrupción.

b. Innovación: AIOps fomenta una cultura de innovación al liberar a los equipos de TI de tareas rutinarias y repetitivas, permitiéndoles centrarse en iniciativas estratégicas de mayor valor. Al automatizar procesos manuales y proporcionar insights inteligentes, AIOps permite a los profesionales de TI dedicar más tiempo y energía a explorar nuevas tecnologías, desarrollar soluciones innovadoras y promover la transformación digital. Este cambio hacia la innovación ayuda a las organizaciones a mantenerse a la vanguardia y diferenciarse en el mercado.

c. Ventaja competitiva: AIOps proporciona a las organizaciones una ventaja competitiva significativa al optimizar las operaciones de TI, mejorar la calidad del servicio y mejorar las experiencias de los usuarios. Al aprovechar *insights* y automatización impulsados por la inteligencia artificial, las organizaciones pueden prevenir proactivamente interrupciones, reducir el tiempo de inactividad y asegurar el funcionamiento sin problemas de sistemas críticos. Esta excelencia operativa se traduce en una mayor satisfacción, lealtad y defensa del cliente, diferenciando a las organizaciones de sus competidores.

Además, AIOps permite a las organizaciones tomar decisiones basadas en datos y obtener valiosos *insights* sobre el comportamiento de los usuarios, el rendimiento del sistema y los impactos empresariales. Estos *insights* pueden informar iniciativas estratégicas, innovaciones de productos y estrategias de compromiso del cliente, fortaleciendo aún más la posición competitiva de la organización.

En la era de la transformación digital, donde la tecnología es un motor clave del éxito empresarial, AIOps se convierte en un habilitador crítico para la agilidad, la innovación y la ventaja competitiva. Las organizaciones que adopten AIOps y aprovechen al máximo sus capacidades estarán bien posicionadas para navegar los desafíos y oportunidades del paisaje digital.

VIII. CONCLUSIÓN

2. La necesidad de una cultura de experimentación y colaboración

Para aprovechar al máximo el potencial de AIOps y promover la transformación digital, las organizaciones deben fomentar una cultura de experimentación y colaboración. Este cambio cultural es esencial para desbloquear el verdadero valor de AIOps y crear un entorno donde la innovación prospere.

a. Experimentación: Fomentar una cultura de experimentación es crucial para el éxito de las iniciativas de AIOps. Las organizaciones deben crear un espacio seguro para que los equipos de TI exploren nuevas ideas, prueben hipótesis y aprendan de los fracasos. Al abrazar la experimentación, las organizaciones pueden descubrir enfoques novedosos, identificar mejores prácticas y mejorar continuamente sus estrategias de AIOps. Esta mentalidad de experimentación permite a las organizaciones mantenerse ágiles, adaptarse rápidamente y encontrar soluciones innovadoras para desafíos complejos.

b. Colaboración: La colaboración está en el corazón de una implementación efectiva de AIOps. Romper los silos y promover la colaboración interfuncional entre los equipos de operaciones de TI, desarrollo, negocio y ciencia de datos es esencial. Al trabajar juntos, estos equipos pueden compartir conocimientos, perspectivas y experiencia, llevando a soluciones de AIOps más integrales e impactantes. La colaboración fomenta un sentido compartido de propiedad, responsabilidad y propósito, impulsando a la organización hacia objetivos comunes.

Además, la colaboración se extiende más allá de los equipos internos. Involucrarse con la comunidad más amplia de AIOps, incluidos proveedores, socios y pares de la industria, puede proporcionar valiosos *insights*, mejores prácticas y oportunidades para la co-innovación. Colaborar con partes interesadas externas ayuda a las organizaciones a mantenerse conectadas con los últimos avances, aprender de las experiencias de otros y contribuir al crecimiento colectivo del ecosistema de AIOps.

c. Aprendizaje continuo: Una cultura de experimentación y colaboración va de la mano con un compromiso con el aprendizaje continuo. Las organizaciones deben alentar y apoyar el desarrollo continuo de habilidades, conocimientos y experiencia en AIOps. Esto puede lograrse a través de programas de capacitación formales, talleres, certificaciones y sesiones de intercambio de conocimientos. Al invertir en el aprendizaje continuo, las organizaciones pueden construir una fuerza laboral bien equipada para aprovechar las tecnologías de AIOps, impulsar la innovación y adaptarse a las necesidades empresariales cambiantes.

d. Apoyo del liderazgo: Fomentar una cultura de experimentación y colaboración requiere un fuerte apoyo del liderazgo. Los líderes deben defender la visión de AIOps, proporcionar los recursos y el apoyo necesarios y crear un entorno que aliente la toma de riesgos y la innovación. Deben predicar con el ejemplo, promoviendo la comunicación abierta, la transparencia y la confianza. Al alinear las iniciativas de AIOps con los objetivos estratégicos empresariales y comunicar el valor y los beneficios a todas las partes interesadas, los líderes pueden construir aceptación organizacional e impulsar el cambio cultural necesario para el éxito.

Una cultura de experimentación y colaboración es la base sobre la cual se construyen iniciativas exitosas de AIOps. Permite a las organizaciones desbloquear el potencial completo de AIOps, impulsar la mejora continua y fomentar un sentido compartido de propósito e innovación. Al abrazar esta cultura, las organizaciones pueden acelerar sus viajes de transformación digital y posicionarse para el éxito a largo plazo en la era de las operaciones de TI impulsadas por la IA.

3. El potencial de AIOps para revolucionar la forma en que gestionamos y optimizamos los sistemas de TI

Al mirar hacia el futuro, es evidente que AIOps tiene el potencial de revolucionar la forma en que gestionamos y optimizamos los sistemas de TI. La convergencia de inteligencia artificial, aprendizaje automático y automatización con operaciones de TI abre un mundo de posibilidades para transformar cómo entregamos y apoyamos servicios tecnológicos.

a. Operaciones predictivas y proactivas: AIOps permite un cambio de paradigma de las operaciones de TI reactivas a las predictivas y proactivas. Al aprovechar algoritmos de inteligencia artificial y aprendizaje automático, las plataformas de AIOps pueden analizar vastas cantidades de datos en tiempo real, identificar patrones y anomalías y predecir problemas potenciales antes de que afecten a los usuarios. Este enfoque proactivo permite a los equipos de TI tomar medidas preventivas, mitigar riesgos y asegurar el funcionamiento sin problemas de sistemas críticos. Con AIOps, las organizaciones pueden pasar de un modo de extinción de incendios a un estado de optimización y resiliencia continua.

b. Sistemas de autocuración: AIOps allana el camino para el desarrollo de sistemas de autocuración que pueden detectar, diagnosticar y resolver problemas automáticamente sin intervención humana. Al combinar insights impulsados por IA con capacidades de remediación automatizadas, AIOps permite a los sistemas identificar de manera autónoma las causas raíz, aplicar acciones correctivas y autocurarse en tiempo real. Este nivel de automatización reduce la carga de los equipos de TI, minimiza el tiempo de inactividad y asegura una experiencia de usuario sin interrupciones. A medida que las tecnologías de AIOps maduran, podemos esperar ver mecanismos de autocuración más sofisticados que puedan adaptarse a entornos de TI complejos y dinámicos.

c. **Optimización inteligente de recursos:** AIOps capacita a las organizaciones para optimizar la utilización y asignación de recursos de TI en tiempo real. Al analizar datos históricos, patrones de uso y métricas de rendimiento, las plataformas de AIOps pueden proporcionar recomendaciones inteligentes para la provisión de recursos, escalado y configuración. Esta optimización dinámica asegura que los recursos se asignen de manera eficiente, minimizando el desperdicio y maximizando el rendimiento. AIOps también puede permitir la orquestación automatizada de recursos en entornos híbridos y Multinube, simplificando la gestión de ecosistemas de TI complejos.

d. **Experiencias de usuario mejoradas:** AIOps tiene el potencial de mejorar significativamente las experiencias de los usuarios al asegurar la confiabilidad, el rendimiento y la disponibilidad de los servicios de TI. Al identificar y resolver proactivamente problemas, AIOps puede prevenir interrupciones y proporcionar una experiencia de usuario sin problemas y consistente. Además, AIOps puede aprovechar el análisis del comportamiento del usuario y el análisis de sentimientos para obtener insights sobre las preferencias, necesidades y niveles de satisfacción de los usuarios. Estos insights pueden informar mejoras de servicio, esfuerzos de personalización e innovaciones centradas en el usuario, impulsando en última instancia mayores niveles de compromiso y lealtad de los usuarios.

e. Mejora e innovación continuas: AIOps permite un ciclo de mejora continua e innovación en las operaciones de TI. Al proporcionar una base impulsada por datos para la toma de decisiones y la experimentación, AIOps capacita a las organizaciones para optimizar iterativamente procesos, perfeccionar algoritmos y explorar nuevas posibilidades. A medida que las plataformas de AIOps aprenden y se adaptan con el tiempo, pueden descubrir *insights* ocultos, identificar mejores prácticas y recomendar enfoques novedosos para las operaciones de TI. Esta mentalidad de mejora continua fomenta una cultura de innovación, donde las organizaciones pueden mantenerse a la vanguardia y promover la transformación digital.

El potencial de AIOps para revolucionar las operaciones de TI es inmenso y de largo alcance. A medida que la tecnología continúe evolucionando y madurando, podemos esperar ver surgir nuevos casos de uso, capacidades y beneficios. Las organizaciones que adopten AIOps y aprovechen su potencial estarán bien posicionadas para transformar sus operaciones de TI, impulsar el valor empresarial y crear una ventaja competitiva en la era digital.

En conclusión, AIOps no es solo una tendencia tecnológica, sino un imperativo estratégico para las organizaciones que buscan prosperar en la era de la transformación digital. Al permitir la agilidad, la innovación y la ventaja competitiva, AIOps capacita a las organizaciones para responder eficazmente a los desafíos y oportunidades del paisaje digital. Sin embargo, aprovechar al máximo el potencial de AIOps requiere más que solo la adopción tecnológica; demanda un cambio cultural hacia la experimentación, la colaboración y el aprendizaje continuo.

A medida que miramos hacia el futuro, el potencial de AIOps para revolucionar la forma en que gestionamos y optimizamos los sistemas de TI es inmenso. Desde operaciones predictivas y proactivas hasta sistemas de autocuración, optimización inteligente de recursos, experiencias de usuario mejoradas y mejora e innovación continuas, AIOps abre un mundo de posibilidades para transformar las operaciones de TI.

Para tener éxito en este viaje, las organizaciones deben adoptar un enfoque holístico hacia AIOps, alineando las inversiones tecnológicas con los objetivos estratégicos empresariales, fomentando la colaboración interfuncional y cultivando una cultura de experimentación e innovación. Los profesionales de TI también deben asumir un papel activo en impulsar la adopción y evolución de AIOps, actualizando continuamente sus habilidades, conocimientos y mentalidad para mantenerse a la vanguardia de esta tecnología transformadora.

Al concluir esta exploración de AIOps, le animo a abrazar la oportunidad y el desafío que tiene por delante. Sea audaz en su visión, implacable en su búsqueda de la excelencia y comprometido con la mejora continua e innovación que AIOps permite. Juntos, podemos dar forma a un futuro donde las operaciones de TI no sean solo una función de apoyo, sino un motor estratégico de valor empresarial y transformación digital.

El viaje hacia AIOps no está exento de desafíos, pero las recompensas son inconmensurables. Al aprovechar el poder de la IA, la automatización y los *insights* basados en datos, podemos desbloquear nuevos niveles de eficiencia, agilidad e innovación en las operaciones de

VIII. CONCLUSIÓN

TI. Podemos crear un futuro donde la tecnología no sea solo una herramienta, sino un habilitador del éxito empresarial y del potencial humano.

Entonces, embarquémonos juntos en este emocionante viaje, armados con el conocimiento, las habilidades y la mentalidad necesarios para tener éxito en la era de AIOps. Colaboremos, experimentemos y aprendamos unos de otros, empujando los límites de lo que es posible en las operaciones de TI. Y nunca perdamos de vista el objetivo final: aprovechar la tecnología para mejorar nuestras organizaciones, nuestros clientes y la sociedad en general.

El futuro de las operaciones de TI está aquí y está impulsado por AIOps. Abrácelo, moldéelo y lidere el camino hacia adelante. Las oportunidades son ilimitadas y el potencial de impacto es profundo. Juntos, podemos crear un futuro donde las operaciones de TI no sean solo una función, sino un catalizador de innovación, crecimiento y transformación.

Gracias por unirse a mí en este viaje de exploración y descubrimiento. Estoy seguro de que con la mentalidad, habilidades y determinación adecuadas, estarán a la vanguardia de la revolución de AIOps, impulsando la transformación digital y moldeando el futuro de las operaciones de TI. El camino por delante está lleno de posibilidades emocionantes y espero ver el increíble impacto que lograrán.

Apéndice A. Glosario de términos de AIOps

A medida que concluimos nuestra exhaustiva exploración de AIOps, es esencial tener una comprensión clara de los términos y conceptos clave que forman la base de esta tecnología transformadora. En este apéndice, proporcionaremos un glosario detallado de términos de AIOps, que servirá como una valiosa referencia para los profesionales de TI que navegan por el panorama de AIOps.

1. AIOps: Inteligencia Artificial para Operaciones de TI. Un término acuñado por Gartner, que se refiere a la aplicación de inteligencia artificial, aprendizaje automático y análisis de big data para automatizar y mejorar los procesos de operaciones de TI, como el monitoreo, la correlación de eventos, la detección de anomalías y la remediación.

2. Detección de Anomalías: El proceso de identificar patrones o instancias en datos que se desvían significativamente de la norma o comportamiento esperado. En AIOps, la detección de anomalías utiliza algoritmos de aprendizaje automático para identificar posibles problemas, degradaciones de rendimiento o amenazas de seguridad en sistemas y aplicaciones de TI.

3. Inteligencia Artificial (IA): La simulación de la inteligencia humana en máquinas, permitiéndoles realizar tareas que típicamente requieren cognición similar a la humana, como el aprendizaje, el razonamiento, la resolución de problemas y la toma de decisiones. La IA es un componente clave de AIOps, permitiendo la automatización inteligente y las percepciones.

4. Automatización: El uso de tecnología para realizar tareas o procesos con mínima intervención humana. En AIOps, la automatización se logra mediante la combinación de IA, aprendizaje automático y reglas o flujos de trabajo predefinidos, permitiendo la ejecución autónoma de tareas de operaciones de TI.

5. Big Data: Conjuntos de datos extremadamente grandes y complejos que requieren técnicas avanzadas de procesamiento y análisis para extraer valiosas percepciones. AIOps aprovecha las tecnologías de big data para recopilar, almacenar y analizar grandes cantidades de datos de operaciones de TI de diversas fuentes.

6. Chatbots: Interfaces conversacionales impulsadas por IA que pueden interactuar con los usuarios a través del lenguaje natural, proporcionando soporte automatizado, orientación y resolución de problemas. En AIOps, los chatbots pueden asistir a los equipos de TI en la resolución de problemas, el intercambio de conocimientos y el soporte a los usuarios.

7. Correlación: El proceso de identificar relaciones o dependencias entre diferentes eventos, métricas o puntos de datos. AIOps utiliza técnicas de correlación para establecer conexiones entre incidentes aparentemente no relacionados, permitiendo un análisis de causa raíz más rápido y la resolución de problemas.

8. Análisis de Datos: El proceso de examinar e interpretar datos para derivar percepciones, patrones y tendencias significativas. AIOps depende en gran medida del análisis de datos para transformar los datos brutos de operaciones de TI en inteligencia procesable.

9. Ingesta de Datos: El proceso de recopilar e importar datos de varias fuentes en un repositorio o sistema centralizado para su almacenamiento y análisis. Las plataformas de AIOps generalmente incluyen capacidades de ingesta de datos para recopilar datos de diversos sistemas de TI, registros y métricas.

10. Lago de Datos: Un repositorio centralizado que permite a las organizaciones almacenar y gestionar grandes volúmenes de datos estructurados, semiestructurados y no estructurados en su formato nativo. AIOps a menudo utiliza lagos de datos para almacenar y procesar diversos datos de operaciones de TI para análisis y percepciones.

11. Tubería de Datos: Una serie de pasos de procesamiento de datos que automatizan el flujo de datos desde los sistemas fuente a los sistemas destino, permitiendo la transformación, enriquecimiento y análisis de datos. Las plataformas de AIOps a menudo incluyen capacidades de tuberías de datos para agilizar la integración y el procesamiento de datos.

12. Visualización de Datos: La representación de datos a través de elementos visuales como gráficos, tablas y paneles, facilitando su comprensión y derivación de percepciones. Las plataformas de AIOps generalmente incluyen herramientas de visualización de datos para ayudar a los equipos de TI a interpretar y actuar sobre las percepciones generadas por IA.

13. Correlación de Eventos: El proceso de analizar y agrupar eventos o alertas relacionados basados en características comunes, como tiempo, fuente o impacto. AIOps utiliza técnicas de correlación de eventos para reducir el ruido, priorizar incidentes e identificar causas raíz de manera más eficiente.

14. Gestión de Incidentes: El proceso de identificar, investigar y resolver incidentes o interrupciones en servicios o sistemas de TI. AIOps mejora la gestión de incidentes mediante la automatización de la correlación de eventos, el análisis de causa raíz y las acciones de remediación.

15. Análisis de Operaciones de TI (ITOA): La aplicación de análisis de datos a los datos de operaciones de TI, permitiendo la extracción de valiosas percepciones y la optimización de los procesos de TI. ITOA es un subconjunto de AIOps, centrado principalmente en el análisis de datos y percepciones.

16. Gestión de Servicios de TI (ITSM): La práctica de diseñar, entregar, gestionar y mejorar los servicios de TI para satisfacer las necesidades de una organización y sus clientes. AIOps complementa y mejora los procesos de ITSM proporcionando automatización inteligente, percepciones predictivas y soporte a la toma de decisiones basada en datos.

17. Aprendizaje Automático (ML): Un subconjunto de IA que permite a los sistemas aprender automáticamente y mejorar a partir de la experiencia sin ser programados explícitamente. En AIOps, los algoritmos de aprendizaje automático se utilizan para detectar patrones, anomalías y relaciones en los datos de operaciones de TI, permitiendo análisis predictivos y automatización inteligente.

18. Procesamiento de Lenguaje Natural (NLP): Una rama de la IA que permite a las computadoras entender, interpretar y generar lenguaje humano. En AIOps, NLP se utiliza para analizar datos no estructurados como registros, tickets y comentarios de usuarios, extrayendo percepciones relevantes y permitiendo interfaces conversacionales.

19. Observabilidad: La capacidad de inferir el estado interno de un sistema basado en sus salidas externas. AIOps mejora la observabilidad proporcionando visibilidad de extremo a extremo en sistemas y aplicaciones de TI, permitiendo monitoreo proactivo, resolución de problemas y optimización.

20. Análisis Predictivo: El uso de algoritmos estadísticos y técnicas de aprendizaje automático para analizar datos históricos y hacer predicciones sobre resultados o eventos futuros. En AIOps, el análisis predictivo se utiliza para prever posibles problemas, requisitos de capacidad y tendencias de rendimiento.

21. Análisis de Causa Raíz (RCA): El proceso de identificar la causa subyacente de un incidente o problema, en lugar de abordar solo sus síntomas. AIOps automatiza y acelera el análisis de causa raíz correlacionando eventos, analizando patrones y utilizando algoritmos de aprendizaje automático.

22. Autocuración: La capacidad de un sistema para detectar, diagnosticar y resolver automáticamente problemas sin intervención humana. AIOps permite la autocuración combinando percepciones impulsadas por IA con acciones de remediación automatizadas, permitiendo que los sistemas se recuperen autónomamente de fallas o degradaciones de rendimiento.

APÉNDICE A. GLOSARIO DE TÉRMINOS DE AIOPS

23. Análisis de Sentimientos: El uso de técnicas de procesamiento de lenguaje natural y aprendizaje automático para determinar el tono emocional o la opinión expresada en un texto. En AIOps, el análisis de sentimientos se utiliza para analizar comentarios de usuarios, *tickets* de soporte y menciones en redes sociales, ayudando a medir la satisfacción del usuario e identificar posibles problemas.

24. Análisis de Series Temporales: El análisis de puntos de datos recopilados a lo largo del tiempo, centrándose en patrones, tendencias y estacionalidad. AIOps utiliza el análisis de series temporales para identificar anomalías, prever comportamientos futuros y optimizar la asignación de recursos basándose en datos históricos.

25. Aprendizaje no Supervisado: Un tipo de aprendizaje automático donde el algoritmo aprende a partir de datos sin etiquetar sin orientación o retroalimentación explícita. En AIOps, las técnicas de aprendizaje no supervisado, como el agrupamiento y la detección de anomalías, se utilizan para identificar patrones y relaciones en los datos de operaciones de TI sin categorías o resultados predefinidos.

Este glosario proporciona una visión completa de los términos y conceptos clave en el campo de AIOps. Al familiarizarse con estos términos, los profesionales de TI pueden comprender mejor las capacidades, tecnologías y prácticas involucradas en la implementación y aprovechamiento de soluciones de AIOps.

Es importante tener en cuenta que AIOps es un campo en rápida evolución, y pueden surgir nuevos términos y conceptos a medida que la tecnología avanza y madura. Mantenerse actualizado con los últimos desarrollos y la terminología es crucial para que los profesionales de TI naveguen efectivamente por el panorama de AIOps y logren implementaciones exitosas.

Además de comprender los términos técnicos, también es igualmente importante que los profesionales de TI comprendan las implicaciones comerciales y estratégicas de AIOps. Alinear las iniciativas de AIOps con los objetivos organizacionales, comunicar el valor y los beneficios a las partes interesadas, y fomentar una cultura de innovación y colaboración, los profesionales de TI pueden maximizar el impacto y el éxito de sus esfuerzos de AIOps.

A medida que te embarques en tu viaje de AIOps, mantén este glosario a mano como referencia y continúa ampliando tu conocimiento y comprensión de esta tecnología transformadora. Combinando experiencia técnica con visión estratégica y una mentalidad de aprendizaje continuo, estarás bien equipado para liderar la revolución de AIOps y conducir la transformación digital en tu organización.

Apéndice B. Recursos Adicionales

A medida que continúas tu viaje para dominar AIOps y fomentar la transformación digital, es esencial mantenerse informado sobre las últimas tendencias, mejores prácticas y avances en el campo. En este apéndice, proporcionaremos una lista curada de recursos adicionales, que incluyen libros, sitios web y conferencias, que pueden ayudarte a profundizar tu conocimiento, ampliar tus habilidades y conectarte con la comunidad de AIOps.

Libros:

1. **"AIOps: Platforms, Applications, and Scenarios"** de Ruchi Prasad y Nagendra Kumar (2021). Este libro ofrece una visión general completa de las plataformas, aplicaciones y escenarios del mundo real de AIOps, abarcando temas como la ingesta de datos, análisis, automatización y estudios de caso.

2. **"Artificial Intelligence for IT Operations"** de Siddhartha Chatterjee y Hari Vasudevan (2020). Este libro explora los conceptos, técnicas y herramientas involucradas en el uso de IA para operaciones de TI, centrándose en áreas como la detección de anomalías, el análisis de

causas raíz y el mantenimiento predictivo.

3. **"The AIOps Revolution: Transforming IT Operations with Artificial Intelligence"** de Priyansha Shukla y Rishi Jain (2022). Este libro discute el potencial transformador de AIOps, cubriendo temas como los conocimientos basados en datos, la automatización inteligente y la gestión del cambio organizacional.

4. **"Observability Engineering: Achieving Production Excellence"** de Charity Majors, Liz Fong-Jones y George Miranda (2022). Aunque no se centra exclusivamente en AIOps, este libro proporciona valiosas ideas sobre prácticas y principios de observabilidad que son cruciales para implementaciones efectivas de AIOps.

5. **"Site Reliability Engineering: How Google Runs Production Systems"** editado por Betsy Beyer, Niall Richard Murphy, David K. Rensin, Kent Kawahara y Stephen Thorne (2016). Este libro seminal introduce los principios y prácticas de la Ingeniería de Fiabilidad del Sitio (SRE), que están estrechamente alineados con los objetivos de AIOps de asegurar la fiabilidad y el rendimiento del sistema.

Sitios web:

1. AIOps.com ([ttps://aiops.com/). Este sitio web es un recurso integral para profesionales de AIOps, que ofrece artículos, seminarios web y estudios de caso sobre varios aspectos de la implementación de AIOps y mejores prácticas.

2. Gartner AIOps (https://www.gartner.com/en/information-techno

logy/glossary/aiops-artificial-intelligence-operations). Gartner, la reconocida firma de investigación y asesoría, proporciona conocimientos, informes y evaluaciones de proveedores relacionados con AIOps en su sitio web.

3. TechTarget AIOps (https://www.techtarget.com/searchitoperation s/definition/AIOps). TechTarget ofrece una amplia gama de artículos, noticias y consejos de expertos sobre AIOps, cubriendo temas como herramientas, plataformas y casos de uso.

4. The AIOps Hub (https://www.theaiopshub.com/). Este sitio web es una plataforma impulsada por la comunidad para entusiastas de AIOps, que presenta artículos, tutoriales y foros para el intercambio de conocimientos y la colaboración.

5. IT Operations Analytics (ITOA) Community (https://itoacomm unity.com/). Aunque está centrado en ITOA, este sitio web comunitario proporciona valiosos recursos y discusiones relevantes para los profesionales de AIOps.

Conferencias:

1. Gartner IT Infrastructure, Operations & Cloud Strategies Conference. Esta conferencia anual reúne a líderes y profesionales de TI para discutir las últimas tendencias y estrategias en operaciones de TI, incluyendo AIOps.

2. AIOps Summit. Organizada por la Comunidad AIOps, esta conferencia se enfoca exclusivamente en AIOps, presentando discursos, talleres y estudios de caso de líderes y profesionales de la industria.

3. DevOps World. Aunque se centra principalmente en DevOps, esta conferencia a menudo incluye pistas y sesiones relacionadas con AIOps, explorando la intersección de DevOps y la IA en operaciones de TI.

4. Black Hat. Esta renombrada conferencia de ciberseguridad a menudo incluye sesiones sobre AIOps y sus aplicaciones en operaciones de seguridad y respuesta a incidentes.

5. RE·WORK AI in IT Operations Summit. Esta conferencia reúne a expertos en IA y operaciones de TI para discutir los últimos avances, desafíos y oportunidades en el uso de IA para operaciones de TI.

Además de estos recursos específicos, te animo a participar activamente con la comunidad de AIOps a través de plataformas de redes sociales, foros en línea y reuniones locales. Compartir conocimientos, experiencias y mejores prácticas con otros profesionales de AIOps puede enriquecer enormemente tu viaje de aprendizaje y ayudarte a estar a la vanguardia de este emocionante campo.

A medida que explores estos recursos, ten en cuenta que el campo de AIOps está en constante evolución, con nuevos libros, sitios web y conferencias emergiendo regularmente. Haz un hábito de buscar y participar continuamente con los últimos recursos para mantenerte actualizado e informado.

Recuerda, el viaje para dominar AIOps no es un destino sino un proceso continuo de aprendizaje, experimentación y crecimiento. Al aprovechar estos recursos adicionales y participar activamente en la comunidad de AIOps, estarás bien equipado para abordar los desafíos y oportunidades que se presenten.

A medida que apliques el conocimiento y las ideas obtenidas de estos recursos a tus propias iniciativas de AIOps, no dudes en compartir tus propias experiencias, éxitos y lecciones aprendidas con la comunidad. Al contribuir al conocimiento y sabiduría colectiva del campo de AIOps, puedes ayudar a dar forma al futuro de esta tecnología transformadora e inspirar a otros a embarcarse en sus propios viajes de AIOps.

En conclusión, esta lista curada de libros, sitios web y conferencias sirve como punto de partida para tu exploración continua de AIOps. Aprovecha la riqueza de conocimientos y experiencia disponible a través de estos recursos y úsalos para alimentar tu pasión por impulsar la innovación y la excelencia en las operaciones de TI.

A medida que continúas aprendiendo, creciendo y haciendo un impacto positivo a través de AIOps, recuerda que el recurso más valioso es tu propia curiosidad, determinación y disposición para romper barreras. Sigue cuestionando, sigue experimentando y sigue esforzándote por encontrar mejores maneras de aprovechar la tecnología en beneficio de tu organización y del mundo en general.

El futuro de las operaciones de TI está en tus manos, y con el poder de AIOps a tu disposición, no hay límites para lo que puedes lograr. Así que adelante, explora estos recursos y deja que tu viaje en AIOps sea un testimonio del potencial transformador de la inteligencia humana y la inteligencia de las máquinas trabajando juntas en armonía.

Apéndice C. Panorama de Proveedores y Matriz de Comparación

Con numerosas plataformas y herramientas de AIOps disponibles en el mercado, cada una ofreciendo un conjunto único de características y capacidades, es crucial tener una comprensión clara del panorama de proveedores y un enfoque estructurado para evaluar y comparar las opciones. En este apéndice, proporcionaremos una visión general de las principales plataformas y herramientas de AIOps, realizaremos un análisis comparativo de sus características, precios y opiniones de los clientes, y presentaremos un marco de decisión para ayudarle a seleccionar el proveedor adecuado según sus necesidades y restricciones específicas.

Visión general de las principales plataformas y herramientas de AIOps

El mercado de AIOps está poblado por una amplia gama de proveedores, incluidos gigantes de TI establecidos, actores de nicho y startups innovadoras. Algunas de las principales plataformas y herramientas de AIOps incluyen:

APÉNDICE C. PANORAMA DE PROVEEDORES Y MATRIZ DE COMPARACIÓN

1. Splunk IT Service Intelligence (ITSI): Splunk ITSI es una plataforma integral de AIOps que combina aprendizaje automático, detección de anomalías y correlación de eventos para proporcionar información en tiempo real sobre las operaciones de TI. Se integra con la extensa plataforma de datos de Splunk y ofrece capacidades avanzadas de análisis y visualización.

2. Dynatrace: Dynatrace es una plataforma de observabilidad impulsada por IA que proporciona visibilidad y automatización de extremo a extremo para entornos nativos de la nube e híbridos. Ofrece características avanzadas como descubrimiento automático, mapeo continuo de topología y Davis, un motor de IA para la detección de anomalías en tiempo real y análisis de causa raíz.

3. AppDynamics: AppDynamics, una compañía de Cisco, proporciona una plataforma de monitoreo del rendimiento de aplicaciones (APM) con capacidades de AIOps. Utiliza aprendizaje automático para identificar anomalías, correlacionar eventos y proporcionar información y automatización inteligente para operaciones de TI centradas en aplicaciones.

4. New Relic One: New Relic One es una plataforma de observabilidad basada en la nube que incluye capacidades de AIOps como detección de anomalías, correlación de incidentes y perspectivas predictivas. Ofrece una vista unificada del rendimiento de aplicaciones, la salud de la infraestructura y la experiencia del usuario.

5. BigPanda: BigPanda es una plataforma de correlación de eventos y automatización que utiliza IA para reducir el ruido de TI, detectar incidentes y automatizar la respuesta a incidentes. Se integra con varias herramientas de monitoreo y gestión de servicios de TI (ITSM) para proporcionar una vista centralizada de las operaciones de TI.

6. **Moogsoft:** Moogsoft es una plataforma de AIOps que utiliza aprendizaje automático y procesamiento de lenguaje natural (NLP) para detectar y diagnosticar automáticamente incidentes a través de múltiples fuentes de datos. Ofrece características como reducción de ruido, flujos de trabajo colaborativos e integración con diversas herramientas de operaciones de TI (ITOps).

7. **PagerDuty:** PagerDuty es una plataforma de gestión de incidentes que incorpora capacidades de AIOps para automatizar la respuesta a incidentes y mejorar la colaboración del equipo. Utiliza aprendizaje automático para identificar patrones, correlacionar eventos y proporcionar alertas y escalaciones inteligentes.

8. **Datadog:** Datadog es una plataforma de monitoreo y análisis en la nube que ofrece características de AIOps como detección de anomalías, pronósticos y perspectivas automatizadas. Proporciona una vista unificada de métricas, trazas y registros a través de varios entornos en la nube y locales.

9. **BMC Helix:** BMC Helix es una plataforma de gestión de servicios de TI (ITSM) y gestión de operaciones de TI (ITOM) impulsada por IA. Utiliza automatización cognitiva y aprendizaje automático para optimizar la entrega de servicios, reducir el tiempo de inactividad y mejorar la experiencia del usuario.

10. **StackState:** StackState es una plataforma de observabilidad y AIOps impulsada por la topología que proporciona información en tiempo real sobre la salud y el rendimiento de entornos dinámicos y nativos de la nube. Utiliza análisis avanzados de gráficos y aprendizaje automático

para mapear dependencias, detectar anomalías y automatizar el análisis de causa raíz.

Análisis comparativo de características, precios y opiniones de los clientes

Al evaluar plataformas y herramientas de AIOps, es esencial considerar una variedad de factores, incluidos las características ofrecidas, los modelos de precios y los comentarios de los clientes. Aquí hay un análisis comparativo de los principales proveedores en estos aspectos:

Características:

La mayoría de las principales plataformas de AIOps ofrecen capacidades centrales como ingestión de datos, detección de anomalías, correlación de eventos y análisis de causa raíz. Sin embargo, la profundidad y amplitud de estas capacidades pueden variar.

Algunos proveedores, como Dynatrace y AppDynamics, se especializan en el monitoreo del rendimiento de aplicaciones y proporcionan una visibilidad profunda del comportamiento de las aplicaciones y la experiencia del usuario.

Otros, como BigPanda y Moogsoft, se centran en la correlación de eventos y la automatización, ofreciendo capacidades avanzadas de reducción de ruido y gestión de incidentes.

Plataformas como Splunk ITSI y New Relic One proporcionan extensas capacidades de análisis y visualización de datos, permitiendo la creación de paneles personalizados y reportes avanzados.

Proveedores como BMC Helix y PagerDuty ofrecen capacidades integradas de ITSM y gestión de incidentes, cerrando la brecha entre operaciones de TI y entrega de servicios.

Precios:

Los modelos de precios para plataformas de AIOps varían ampliamente, desde basados en suscripción hasta basados en consumo y enfoques híbridos.

Algunos proveedores, como Datadog y New Relic, ofrecen un modelo de pago por uso basado en el volumen de datos ingeridos o el número de hosts monitoreados.

Otros, como Splunk y Dynatrace, proporcionan una combinación de licencias perpetuas y precios basados en suscripción, con opciones para diferentes escalas y niveles de características.

Muchos proveedores ofrecen pruebas gratuitas o versiones freemium con funcionalidad limitada, permitiendo a los clientes probar la plataforma antes de comprometerse con una compra.

Es importante considerar el costo total de propiedad (TCO) al evaluar los precios, incluidos factores como el almacenamiento de datos, los recursos de cómputo y los servicios profesionales necesarios para la implementación y la gestión continua.

Opiniones de los clientes:

Las opiniones y calificaciones de los clientes pueden proporcionar información valiosa sobre el rendimiento, la usabilidad y el soporte en el mundo real de las plataformas de AIOps.

Plataformas como Dynatrace, AppDynamics y Splunk ITSI reciben consistentemente altas calificaciones por su riqueza de características, escalabilidad y capacidad para proporcionar valor tangible a los equipos de operaciones de TI.

Los clientes a menudo elogian a proveedores como BigPanda y Moogsoft por su efectividad en la reducción de ruido y la automatización de flujos de trabajo de gestión de incidentes.

New Relic y Datadog son frecuentemente alabados por sus interfaces amigables para el usuario, extensas integraciones y comunidades de usuarios activas.

Algunos clientes expresan preocupaciones sobre la complejidad de configurar y configurar ciertas plataformas de AIOps, enfatizando la importancia de una incorporación intuitiva y documentación completa.

Los clientes también valoran los equipos de soporte receptivos y conocedores, así como la disponibilidad de recursos de formación y programas de certificación.

Marco de decisión para seleccionar el proveedor adecuado basado en necesidades y restricciones específicas

Elegir el proveedor de AIOps adecuado es una decisión crítica que requiere una cuidadosa consideración de las necesidades específicas, objetivos y restricciones de su organización. Aquí hay un marco de decisión para guiarle a través del proceso de selección:

1. Defina sus objetivos y casos de uso de AIOps:

Articule claramente los objetivos principales que desea lograr a través de la adopción de AIOps, como mejorar la disponibilidad del servicio, reducir el tiempo de resolución de incidentes u optimizar la utilización de recursos.

Identifique los casos de uso y puntos problemáticos específicos que desea abordar, como el monitoreo del rendimiento de aplicaciones, la correlación de eventos o la planificación de capacidad.

2. Evalúe su entorno de TI actual y madurez:

Evalúe su infraestructura de TI actual, herramientas y procesos para comprender la complejidad y escala de su entorno.

Determine la preparación de su organización para la adopción de AIOps, considerando factores como la calidad de los datos, las habilidades del equipo y la receptividad cultural al cambio.

3. Identifique las características y capacidades clave:

Basado en sus objetivos y casos de uso, identifique las características y capacidades esenciales que necesita en una plataforma de AIOps, como detección de anomalías, análisis de causa raíz o análisis predictivo.

Considere factores adicionales como la facilidad de integración con herramientas existentes, escalabilidad y soporte para entornos híbridos y multicloud.

4. Evalúe las ofertas de los proveedores y la alineación:

Evalúe la alineación de las ofertas de los proveedores con sus requisitos identificados y casos de uso.

Evalúe la hoja de ruta del producto del proveedor, el historial de innovación y la visión del mercado para garantizar una alineación a largo plazo con su estrategia de AIOps.

5. Considere el costo total de propiedad y las restricciones presupuestarias:

Estime el costo total de propiedad para cada proveedor, incluidos licencias, infraestructura, servicios profesionales y costos de mantenimiento continuo.

Alinee los costos estimados con su presupuesto disponible y el retorno de inversión (ROI) esperado de la adopción de AIOps.

6. Evalúe el soporte del proveedor y el ecosistema:

Evalúe las ofertas de soporte del proveedor, incluida la documentación, la formación y los programas de éxito del cliente, para garantizar una asistencia adecuada a lo largo de su viaje de AIOps.

Considere el ecosistema de socios del proveedor, la fortaleza de la comunidad y la disponibilidad de integraciones y extensiones de terceros.

7. Realice pruebas de concepto y verificaciones de referencia:

Involúcrese en pruebas de concepto (POC) o proyectos piloto con los proveedores preseleccionados para validar sus soluciones contra sus requisitos específicos y casos de uso.

Recopile comentarios de clientes de referencia en industrias similares o con entornos de TI comparables para obtener información sobre experiencias y resultados en el mundo real.

8. Tome una decisión informada y planifique el éxito:

Basado en los resultados de la evaluación, seleccione el proveedor que mejor se alinee con sus necesidades, presupuesto y estrategia de AIOps a largo plazo.

Desarrolle un plan integral de implementación y adopción, incluidos cronogramas, hitos y métricas de éxito, para asegurar una transición fluida y la realización de los beneficios de AIOps.

Recuerde, la decisión de elegir un proveedor de AIOps no es un evento único, sino una asociación continua. Es esencial establecer relaciones sólidas con su proveedor elegido, participar activamente en sus comunidades de usuarios y proporcionar continuamente comentarios para influir en la dirección del producto y alinearse con sus necesidades en evolución.

A medida que se embarca en su viaje de AIOps, tenga en cuenta que el panorama de proveedores es dinámico y está en constante cambio. Nuevos participantes, fusiones y adquisiciones, y las innovaciones de productos pueden cambiar rápidamente el mercado. Por lo tanto, es crucial mantenerse informado sobre los últimos desarrollos, reevaluar periódicamente su selección de proveedores y adaptar su estrategia de AIOps en consecuencia.

Al aprovechar este marco de decisión y mantener un enfoque proactivo y ágil en la gestión de proveedores, puede navegar el complejo panorama de AIOps con confianza y seleccionar al socio adecuado para apoyar los objetivos de transformación digital de su organización.

En conclusión, el panorama de proveedores para plataformas y herramientas de AIOps es diverso y está en constante evolución. Al comprender los actores clave, sus características, modelos de precios y comentarios de los clientes, los profesionales de TI pueden tomar decisiones informadas al seleccionar el proveedor adecuado para sus necesidades y restricciones específicas.

El marco de decisión proporcionado en este apéndice ofrece un enfoque estructurado para evaluar y comparar a los proveedores de AIOps basándose en factores como objetivos, casos de uso, entorno de TI, capacidades requeridas, consideraciones de costos, soporte del proveedor y validación en el mundo real a través de POC y verificaciones de referencia.

Sin embargo, es importante reconocer que seleccionar un proveedor de AIOps no es una propuesta única para todos. Cada organización tiene desafíos, prioridades y restricciones únicas que deben considerarse cuidadosamente al tomar una decisión. Es esencial involucrar a las partes interesadas de toda la organización, incluidos los equipos de operaciones de TI, desarrollo, negocios y finanzas, para recopilar diversas perspectivas y asegurar la alineación con los objetivos organizacionales más amplios.

Además, el éxito de una implementación de AIOps va más allá de solo seleccionar el proveedor adecuado. Requiere un enfoque holístico que abarque personas, procesos y tecnología. Las organizaciones deben invertir en el desarrollo de las habilidades necesarias, establecer marcos de gobernanza y fomentar una cultura de colaboración y mejora continua para aprovechar plenamente los beneficios de AIOps.

Al navegar por el panorama de proveedores y hacer su selección, recuerde que el verdadero valor de AIOps no reside en las herramientas en sí mismas, sino en cómo se aplican para generar resultados significativos. Al combinar el poder de la inteligencia artificial y el aprendizaje automático con la experiencia humana y la visión empresarial, AIOps tiene el potencial de revolucionar las operaciones de TI y ofrecer un valor significativo a la organización.

Así que, a medida que se embarca en su viaje de AIOps, utilice esta matriz de comparación de proveedores como punto de partida, pero siempre mantenga la vista en el panorama general. Aproveche la oportunidad de transformar sus operaciones de TI, impulsar la innovación y crear una ventaja competitiva para su organización en la era digital.

El futuro de las operaciones de TI está aquí, y AIOps está a la vanguardia de esta transformación. Al tomar decisiones informadas, fomentar asociaciones sólidas y aprender y adaptarse continuamente, puede aprovechar el poder de AIOps para impulsar niveles sin precedentes de eficiencia, agilidad y valor empresarial. El camino por delante es emocionante, y con el proveedor adecuado a su lado, las posibilidades son infinitas.

Acerca del Autor

Edgardo Fernández Climent es un líder de TI con más de dos décadas de experiencia, conocido por sus excepcionales habilidades de liderazgo y visión estratégica en los ámbitos de infraestructura, redes y ciberseguridad. Con una sólida formación educativa, incluyendo un MBA y una Maestría en Sistemas de Información de Gestión, combinada con certificaciones de la industria como PMP, ITIL4 y Security+, Edgardo ha demostrado consistentemente su capacidad para liderar organizaciones a través de transformaciones tecnológicas complejas. Su compromiso de mantenerse a la vanguardia de las tecnologías emergentes, fomentar una cultura de aprendizaje continuo y mentorizar a la próxima generación de profesionales de TI lo ha convertido en un consultor muy buscado en la industria. El estilo de liderazgo de Edgardo, caracterizado por construir relaciones fuertes, promover la colaboración y generar resultados, le ha permitido entregar un valor significativo a las organizaciones que buscan impulsar la innovación, optimizar su infraestructura de TI y fortalecer su postura de ciberseguridad.

Otras Publicaciones del Autor

OTRAS PUBLICACIONES DEL AUTOR

Dominando los controles de seguridad y privacidad: Una guía completa de NIST SP 800-53 Rev. 5

¿Está buscando una guía completa para dominar los controles de seguridad y privacidad en su organización? No busque más allá de "Dominando los controles de seguridad y privacidad: Una guía completa de NIST SP 800-53 Rev. 5".

Esta referencia autorizada, escrita por un experimentado profesional de TI, lo guía a través de las 20 familias de controles de NIST SP 800-53 Rev. 5, proporcionando explicaciones claras y estrategias prácticas para la implementación efectiva.

Con este libro, estará equipado para evaluar sus riesgos, seleccionar los controles adecuados y establecer un programa de seguridad y privacidad robusto que proteja sus sistemas y datos críticos.

Ya sea que sea un profesional de seguridad experimentado o nuevo en el campo, esta guía indispensable lo ayudará a navegar por el complejo panorama de la seguridad de la información con confianza. ¡Invierta en la excelencia en seguridad y privacidad hoy mismo con "Dominando los controles de seguridad y privacidad"!

OTRAS PUBLICACIONES DEL AUTOR

Implementando el Marco de Ciberseguridad NIST 2.0: Una Guía Completa para Profesionales de TI en PyMES

En la era digital actual, las pequeñas y medianas empresas (PyMES) se enfrentan a una miríada de amenazas cibernéticas que pueden tener consecuencias devastadoras. Este libro es una guía indispensable para los profesionales de TI que buscan fortalecer la postura de ciberseguridad de sus organizaciones utilizando el renombrado Marco de Ciberseguridad NIST 2.0.

Escrito por Edgardo Fernandez Climent, un experto en ciberseguridad con amplia experiencia en el sector de las PyMES, este libro ofrece un enfoque paso a paso para implementar el Marco NIST de manera efectiva. A través de explicaciones claras, estudios de casos reales y consejos prácticos, los lectores aprenderán a evaluar y gestionar los riesgos de ciberseguridad, implementar controles de seguridad, desarrollar capacidades de respuesta a incidentes y mucho más.

El libro está organizado en capítulos que cubren los aspectos clave del Marco NIST, incluyendo:

- Fundamentos del Marco de Ciberseguridad NIST 2.0 y su relevancia para las PyMES
- Evaluación y gestión de riesgos de ciberseguridad
- Implementación de controles de seguridad y mejores prácticas
- Desarrollo de un plan de respuesta a incidentes y capacidades de recuperación
- Fomento de una cultura de concientización sobre ciberseguridad
- Mantenimiento y mejora continua de la postura de ciberseguridad

Además, el libro aborda los desafíos únicos que enfrentan las PyMES, como recursos limitados y falta de experiencia en ciberseguridad, y proporciona estrategias pragmáticas para superarlos.

Ya sea que seas un profesional de TI, un gerente de PyME o un propietario de negocio, esta guía completa te equipará con el conocimiento y las herramientas necesarias para proteger tu organización de las crecientes amenazas cibernéticas. Con "Implementando el Marco de Ciberseguridad NIST 2.0", estarás preparado para navegar por el complejo panorama de la ciberseguridad y mantener tus activos críticos seguros y protegidos.

No esperes a ser víctima de un ciberataque. ¡Adquiere este libro hoy mismo y da el primer paso hacia una postura de ciberseguridad sólida y resiliente!

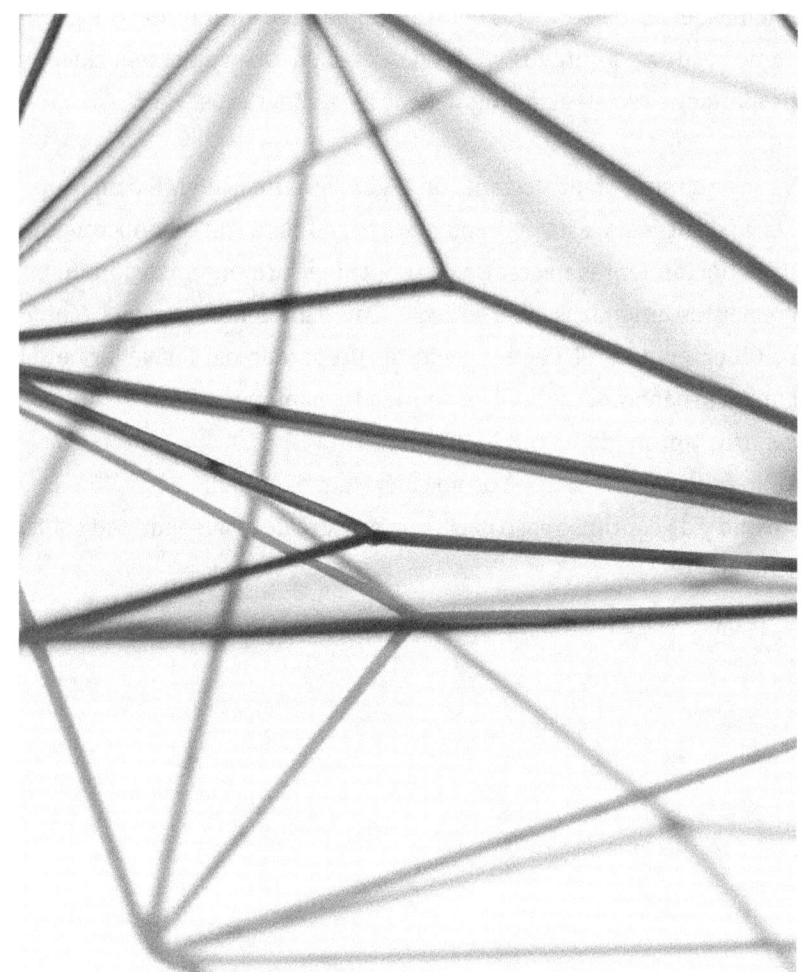

ISO/IEC 27001:2022 PASO A PASO

IMPLEMENTACIÓN, AUDITORÍA Y MEJORA CONTINUA

EDGARDO FERNANDEZ CLIMENT

OTRAS PUBLICACIONES DEL AUTOR

ISO/IEC 27001:2022 Paso a Paso: Implementación, Auditoría y Mejora Continua

En un mundo donde la seguridad de la información se ha convertido en una prioridad para organizaciones de todos los tamaños, la norma ISO/IEC 27001:2022 emerge como el estándar de oro para establecer, implementar, mantener y mejorar continuamente un Sistema de Gestión de Seguridad de la Información (SGSI). **"ISO/IEC 27001:2022 Paso a Paso"** es su guía definitiva para comprender e implementar este estándar esencial de manera eficaz.

Este libro está diseñado para llevarlo de la mano a través del complejo proceso de certificación de ISO/IEC 27001, desglosando cada etapa en pasos claros y manejables. Desde la planificación inicial y la evaluación de riesgos hasta la implementación de controles de seguridad y la preparación para la auditoría de certificación, este libro cubre todo lo que necesita saber para asegurar su información y lograr la certificación.

A través de explicaciones detalladas, ejemplos prácticos y casos de estudio, este libro ofrece una visión profunda de los requisitos de la norma y cómo estos se aplican en diferentes contextos organizacionales. Además, le proporciona estrategias prácticas, consejos y trucos para superar los desafíos comunes en la implementación y auditoría del SGSI.

"ISO/IEC 27001:2022 Paso a Paso" no solo está dirigido a profesionales de TI y seguridad de la información, sino también a gerentes y responsables de la implementación de la norma en sus organizaciones. Con un enfoque claro en la mejora continua, este libro es una herramienta indispensable para mantener su SGSI alineado con las mejores prácticas y adaptado a los cambios tecnológicos y a las nuevas amenazas de seguridad.

Ya sea que esté buscando certificar su organización por primera vez o actualizar su SGSI existente a la última versión del estándar, este libro es su compañero perfecto, proporcionando la orientación experta y los recursos necesarios para lograr sus objetivos de seguridad de la información.

OTRAS PUBLICACIONES DEL AUTOR

Curso de ITIL4 para Profesionales de TI

Este libro es una guía exhaustiva y accesible diseñada para introducir y profundizar en el marco de ITIL4, la última evolución en las mejores prácticas de gestión de servicios de TI. A lo largo de sus capítulos, el libro desgrana los principios fundamentales, las prácticas clave, y las estrategias de implementación de ITIL4, brindando tanto a los novatos como a los profesionales experimentados en ITSM los conocimientos necesarios para mejorar la eficiencia, efectividad y alineación de los servicios de TI con los objetivos de negocio.

Desde un inicio, el texto establece una sólida comprensión de ITIL4, explicando su importancia en el contexto actual de transformación digital y cómo puede servir como un catalizador para la mejora continua dentro de las organizaciones. Se exploran en detalle las prácticas de gestión de servicios, desde la gestión de incidentes y problemas hasta la gestión de cambios, proporcionando pasos claros y consejos prácticos para su implementación efectiva.

A través de casos de estudio y ejemplos reales, se ilustran las aplicaciones prácticas de ITIL4 en diversos contextos, incluyendo pequeñas y medianas empresas, grandes corporaciones y el sector público, ofreciendo una visión realista de los desafíos y beneficios asociados con su implementación.

Un aspecto clave del libro es su enfoque en la educación continua y el desarrollo profesional, proporcionando una amplia gama de recursos, herramientas y consejos para aquellos que buscan avanzar en su comprensión y aplicación de ITIL4. Se incluyen recomendaciones de libros, cursos, certificaciones y comunidades en línea para apoyar el aprendizaje y el intercambio de conocimientos entre profesionales de ITSM.

En resumen, este libro actúa como un recurso integral para cualquiera que busque implementar o mejorar sus prácticas de gestión de servicios de TI utilizando ITIL4. Con su enfoque práctico, consejos detallados y ejemplos relevantes, es una herramienta indispensable para facilitar la transición a un modelo de gestión de servicios más ágil, resiliente y alineado con las necesidades del negocio.

Edgardo Fernandez Climent

HACKEANDO AL HACKER

Mis 10 Técnicas de Ciberseguridad
No Convencionales Favoritas

libros, cursos, certificaciones y comunidades en línea para apoyar el aprendizaje y el intercambio de conocimientos entre profesionales de ITSM.

En resumen, este libro actúa como un recurso integral para cualquiera que busque implementar o mejorar sus prácticas de gestión de servicios de TI utilizando ITIL4. Con su enfoque práctico, consejos detallados y ejemplos relevantes, es una herramienta indispensable para facilitar la transición a un modelo de gestión de servicios más ágil, resiliente y alineado con las necesidades del negocio.

AIOPS

Edgardo Fernandez Climent

HACKEANDO AL HACKER

Mis 10 Técnicas de Ciberseguridad No Convencionales Favoritas

OTRAS PUBLICACIONES DEL AUTOR

Hackeando al Hacker: Mis 10 Técnicas de Ciberseguridad No Convencionales Favoritas

¿Estás cansado de depender de métodos tradicionales y reactivos de ciberseguridad que siempre parecen estar un paso detrás de los hackers? ¿Quieres llevar la defensa cibernética de tu organización al siguiente nivel y prevenir, detectar y responder proactivamente incluso a las amenazas más avanzadas y persistentes? ¡Entonces este libro es para ti!

En "Hackeando al Hacker: Mis 10 Técnicas de Ciberseguridad No Convencionales Favoritas", el reconocido experto en ciberseguridad y autor Edgardo Fernandez Climent revela su arsenal de técnicas de vanguardia, probadas en batalla, que van más allá de la sabiduría convencional y las listas de verificación de cumplimiento. Basándose en sus décadas de experiencia en el campo de la ciberseguridad y su profundo conocimiento de la mentalidad del hacker, el autor presenta una guía completa y práctica para implementar enfoques no convencionales como:

- Biometría de comportamiento para autenticación continua y detección de fraudes
- Tecnología de engaño para engañar y atrapar atacantes con señuelos y honeypots
- Caza de amenazas impulsada por IA para identificar y neutralizar proactivamente amenazas ocultas
- Criptografía cuántica para encriptación inviolable y comunicación segura

- Orquestación, automatización y respuesta de seguridad (SOAR) para agilizar y acelerar la respuesta a incidentes
- ¡Y mucho más!

Ya seas un profesional de ciberseguridad experimentado que busca ampliar su caja de herramientas o un líder empresarial que desea comprender e implementar las estrategias de defensa cibernética más recientes y efectivas, este libro tiene algo para ti. Este libro explica cada técnica en un lenguaje claro, conciso y atractivo, con ejemplos del mundo real, instrucciones paso a paso y consejos prácticos para el éxito. También proporciona un marco estratégico para integrar estas técnicas en una arquitectura de ciberseguridad cohesiva y adaptable que puede evolucionar con el cambiante panorama de amenazas.

Con "Hackeando al Hacker", aprenderás a:

- Pensar como un hacker y anticipar sus movimientos antes de que los hagan
- Identificar y priorizar los activos y vulnerabilidades más críticos de tu organización
- Implementar técnicas no convencionales que pueden detectar, engañar y disuadir incluso a las amenazas más avanzadas y persistentes
- Integrar estas técnicas en una estrategia de ciberseguridad completa y adaptativa
- Medir y comunicar la efectividad y el valor de tu enfoque no convencional
- Fomentar una cultura de ciberseguridad proactiva, innovadora y colaborativa en tu organización

Por favor, no esperes hasta que sea demasiado tarde. Invierte en

OTRAS PUBLICACIONES DEL AUTOR

Hackeando al Hacker: Mis 10 Técnicas de Ciberseguridad No Convencionales Favoritas

¿Estás cansado de depender de métodos tradicionales y reactivos de ciberseguridad que siempre parecen estar un paso detrás de los hackers? ¿Quieres llevar la defensa cibernética de tu organización al siguiente nivel y prevenir, detectar y responder proactivamente incluso a las amenazas más avanzadas y persistentes? ¡Entonces este libro es para ti!

En "Hackeando al Hacker: Mis 10 Técnicas de Ciberseguridad No Convencionales Favoritas", el reconocido experto en ciberseguridad y autor Edgardo Fernandez Climent revela su arsenal de técnicas de vanguardia, probadas en batalla, que van más allá de la sabiduría convencional y las listas de verificación de cumplimiento. Basándose en sus décadas de experiencia en el campo de la ciberseguridad y su profundo conocimiento de la mentalidad del hacker, el autor presenta una guía completa y práctica para implementar enfoques no convencionales como:

- Biometría de comportamiento para autenticación continua y detección de fraudes
- Tecnología de engaño para engañar y atrapar atacantes con señuelos y honeypots
- Caza de amenazas impulsada por IA para identificar y neutralizar proactivamente amenazas ocultas
- Criptografía cuántica para encriptación inviolable y comunicación segura

- Orquestación, automatización y respuesta de seguridad (SOAR) para agilizar y acelerar la respuesta a incidentes
- ¡Y mucho más!

Ya seas un profesional de ciberseguridad experimentado que busca ampliar su caja de herramientas o un líder empresarial que desea comprender e implementar las estrategias de defensa cibernética más recientes y efectivas, este libro tiene algo para ti. Este libro explica cada técnica en un lenguaje claro, conciso y atractivo, con ejemplos del mundo real, instrucciones paso a paso y consejos prácticos para el éxito. También proporciona un marco estratégico para integrar estas técnicas en una arquitectura de ciberseguridad cohesiva y adaptable que puede evolucionar con el cambiante panorama de amenazas.

Con "Hackeando al Hacker", aprenderás a:

- Pensar como un hacker y anticipar sus movimientos antes de que los hagan
- Identificar y priorizar los activos y vulnerabilidades más críticos de tu organización
- Implementar técnicas no convencionales que pueden detectar, engañar y disuadir incluso a las amenazas más avanzadas y persistentes
- Integrar estas técnicas en una estrategia de ciberseguridad completa y adaptativa
- Medir y comunicar la efectividad y el valor de tu enfoque no convencional
- Fomentar una cultura de ciberseguridad proactiva, innovadora y colaborativa en tu organización

Por favor, no esperes hasta que sea demasiado tarde. Invierte en tu conocimiento y habilidades de ciberseguridad hoy, y comienza a hackear a los hackers antes de que te hackeen a ti. ¡Obtén tu copia de "Hackeando al Hacker: Mis 10 Técnicas de Ciberseguridad No Convencionales" ahora, y lleva tu defensa cibernética al siguiente nivel!